CLÁSICOS
DEL FÚTBOL MEXICANO

LUCIANO CAMPOS GARZA ★ **JAIME LUNA** ★ **OSCAR SÁNCHEZ** ★ **CÉSAR VARGAS** ★ **OSCAR ADRIÁN VELÁZQUEZ**

Clásicos del fútbol mexicano - 1a ed. - LIBROFUTBOL.com, 2021.
186 páginas; 15,2 x 22,9 cm.

ISBN 978-987-8370-04-0

1. Fútbol. 2. Historias.
CDD 796.3342

CLÁSICOS DEL FÚTBOL MEXICANO
de Luciano Campos Garza, Jaime Luna, Oscar Sánchez, César Vargas y Oscar Adrián Velázquez.

© 2021– Luciano Campos Garza, Jaime Luna, Oscar Sánchez, Oscar Adrián Velázquez y César Vargas.
Todos los derechos reservados.
© 2021– LIBROFUTBOL.com

Diseño de cubierta: Luciano Medvetkin
Maquetación: Luciano Medvetkin
Texto de contratapa: Alejandro Magaldi

LIBROFUTBOL.com
Olga Cossettini 1112 - oficina 8F
Ciudad de Buenos Aires - Argentina

✉ ediciones@librofutbol.com
📱 +54 9 11 2215 1982
📷 @librofutbol

1ª edición: julio 2021
No se permite la reproducción parcial o total, el almacenamiento, el alquiler, la transmisión o la transformación de este libro, en cualquier forma o por cualquier medio, sea electrónico o mecánico, mediante fotocopias, digitalización u otros métodos, sin el permiso previo y escrito por el editor. Su infracción está penada por la ley.

ISBN 978-987-8370-04-0

CONTENIDO

PRÓLOGO 5
INTRODUCCIÓN 11
CAPÍTULO 1
GUADALAJARA VS. AMÉRICA 15
CAPÍTULO 2
UNAM VS. AMÉRICA 63
CAPÍTULO 3
CRUZ AZUL VS. AMÉRICA 103
CAPÍTULO 4
TIGRES VS. MONTERREY 133
CAPÍTULO 5
CHIVAS VS. ATLAS 169
SOBRE LOS AUTORES 183

PRÓLOGO
¿CLÁSICOS O RIVALIDADES?

Por Félix Fernández Christlieb

¿Clásicos o rivalidades? La línea puede ser tan delgada o gruesa como se quiera ver y de acuerdo a los intereses de cada persona. Indudablemente, con fines comerciales se han bautizado como Clásicos a ciertas rivalidades que se han dado, ya sea por la frecuencia de sus enfrentamientos definitivos, o por algún incidente fuera de lo común. Confundir Clásicos y rivalidades es tan frecuente como mezclar héroes y hazañas con momentos destacados.

El deporte individual o en equipo no se puede concebir sin rivalidades y polémicas; son, definitivamente, un aspecto indispensable en la pasión dentro y fuera de la cancha. El norte vs. el sur, la capital vs. la provincia, católicos vs. protestantes, y hasta solteros vs. casados, generan esos piques que colaboran para incrementar el interés de cada enfrentamiento. Pero el factor que mayor rivalidad representa, y que provoca gran número de los Clásicos en todo el mundo es, sin duda, clase alta vs. clase baja, ricos vs. pobres, patrones vs. empleados, austeridad vs. opulencia.

El 9 de octubre de 1927 es una fecha muy importante en la historia del fútbol mexicano... y en la historia de los Clásicos: ese día, en el remodelado Parque Asturias, de la Ciudad de

México, y con el inicio de la temporada 1927/28, nació el Clásico Necaxa vs. Atlante. Era, por supuesto, la representación del equipo más poderoso de la época, contra el equipo llanero que, finalmente, era admitido por la Federación Mexicana de Fútbol en la Liga Mayor.

Probablemente la curiosidad más grande consistía en observar la adaptación al pasto de un equipo acostumbrado a jugar en la tierra, o por lo menos, en campos muy maltratados. Pero, además, el humilde once atlantista era el tricampeón de la Liga Nacional de fútbol llanero (que contaba con más de 200 equipos) y que había sido elegido para representar a México en los Juegos Centroamericanos de 1926.

Aquel Atlante vs. Necaxa fue tan parejo, ríspido, con expulsiones, fracturas y un empate 2-2 a base de coraje por parte de los prietitos atlantistas ante los electricistas que, de manera espontánea, se convirtió en una rivalidad y, quizá ante la falta de estas dentro del fútbol mexicano, pronto pasó a ser un Clásico que décadas más tarde sería desplazado.

Y es que ejemplos hay muchos a lo largo y ancho del mundo. Veamos algunos: en Grecia, Panathinaikos, fundado en el centro de Atenas, donde vivían las clases más acomodadas, vs. Olympiakos, equipo porteño del sudoeste, que de inmediato recibió la simpatía del sector obrero y pesquero. En Holanda, Ajax vs. Feyenoord, no solamente representa a las dos principales ciudades, Ámsterdam y Rotterdam, sino también a dos sectores sociales. Ajax proviene del barrio judío, con gran capacidad adquisitiva y Feyenoord del puerto (uno más del puerto), por lo que fue adoptado por los obreros de la zona. Quizá Boca Juniors vs. River Plate, en Argentina, representa la exaltación de las clases sociales opuestas: mientras Boca era representado por un pizzero barrigón y sucio, River tenía como figura a un elegante señor acaudalado, con traje, bigote bien cuidado y sombrero de copa. El barrio de La Boca, de clase media baja vs. el barrio de Núñez, donde vive la clase media alta. En Escocia existe un clásico digno de ser mencionado: Celtic vs. Rangers. No son de la capital sino de Glasgow, y representan una rivalidad religiosa. Mientras el Celtic se identifica con los cristianos irlandeses de izquierda, Rangers es seguido por los protestantes británicos de derecha. Esta diferencia ha dividido a la ciudad de Glasgow desde hace más de cien años.

Pero sin duda el Clásico más famoso del mundo hoy en día es Real Madrid vs. Barcelona, escenificado en España. No representa clases sociales ni religiones, sino divisiones políticas, lo cual en ocasiones significa mayor tensión. Sin ir más lejos, ambas posiciones políticas dieron vida a una guerra civil, que hasta hoy ha sido el conflicto armado más grave en la historia del país. Afortunadamente, la globalización del fútbol ha permitido que Merengues y Culés tengan afición en prácticamente todo el mundo, que sus estadios se llenen de turistas y sus representaciones políticas hayan pasado cada vez más a segundo plano.

"Es el juego el que llama al ser humano, es esa hambre de competencia contra un adversario o contra los propios límites. El juego y el deporte son actividades que nos obligan a concentrar y desarrollar nuestras fuerzas y capacidades y el cerebro recompensa su práctica con placer y apasionamiento", escribe Luis Felipe Silva Schurmann en su excelente libro *El fútbol y la guerra. Entre balas y balones*. Competencia, límites, placer y apasionamiento: ingredientes necesarios para generar una rivalidad y, a su vez, parte de lo que más tarde puede ser un Clásico.

En México, América y Chivas, Chivas y América, son los protagonistas del incuestionable Clásico que enfrenta a la Capital vs. la Provincia, a la clase alta vs. la clase baja, al extranjerismo vs. el nacionalismo y, por supuesto: a la representación del poder vs. el pueblo. No se puede establecer el inicio del Clásico con el inicio del fútbol profesional y de los enfrentamientos entre ambos equipos, pero cabe aquí rescatar los dos primeros partidos entre ellos, durante la temporada inaugural del profesionalismo en México: 16 de enero de 1944 en el campo del Atlas, donde Guadalajara venció 3-1 al América. Manuel

Cosas López y Pablotas González (2) fueron los anotadores para el equipo tapatío, mientras que Cafaratti marcó para los capitalinos. Pero además de ellos, cabe mencionar al primer 'héroe' de esta contienda: el Raffles Orozco, quien al dar el pase para el tercer gol de Guadalajara, sufrió una fuerte herida en la cabeza que le obligó a abandonar el encuentro. Fue tan emotivo el duelo que al término del partido los ganadores fueron sacados en hombros.

La rivalidad se tornó mucho más intensa al mes siguiente, pues en febrero de ese mismo año se volvieron a enfrentar, esta vez en el Parque Asturias del Distrito Federal. La revancha fue descomunal: 7-2 ganó el América con la primera gran bronca incluida, apenas iniciado el encuentro. Dos jugadores de cada equipo fueron expulsados. Cafaratti y Orvañanos por América y Pelón Gutiérrez junto a Lozano por los de occidente.

Quizá sobra mencionar la publicidad que ha generado este duelo conforme pasan los años, al grado que la versión de veteranos en diferentes ciudades de México y Estados Unidos, es también una fuente de ingreso para los exjugadores de ambos equipos.

En mi opinión, América y Chivas deberían ser completamente antagonistas, incluso hasta en las emisoras que transmiten sus partidos. No transferirse futbolistas, no contratar directores técnicos que hayan dirigido a la otra institución... es más, ¡ni siquiera intercambiar camisetas! No generar odio ni mucho menos violencia, pero sí claras diferencias entre ellos. Eso sería un permanente y verdadero enfrentamiento entre los dos equipos más populares y opuestos de México.

En el tiempo que escribo este texto, existe la polémica en México sobre si la rivalidad más frecuente y pareja de la última década puede ser considerada ya un Clásico. Me refiero a Tigres vs. América. Desde 2011 a 2019: ocho títulos de Liga entre ambos, 16 títulos oficiales y cuatro finales. Plantillas sumamente caras y completas, directores técnicos ganadores y polémicos, aficiones exigentes y fieles. Cada enfrentamiento ha sido garantía de espectáculo y calidad, tanto individual como colectiva. Y, por si fuera poco, *ratings* televisivos que se incrementan. Es decir, en opinión de muchos, este duelo tiene todos los ingredientes para llamarse Clásico. Pero no lo es, por una sencilla razón: Tigres es, hasta el momento que redacto estas líneas, un equipo con afición mayoritariamente local, mientras América no solamente tiene seguidores en el resto del país, sino también y de manera muy considerable, cuenta con cientos de miles o hasta millones en los Estados Unidos.

¿Clásicos o rivalidades? La línea es tan delgada o gruesa como se quiera establecer. Pero para un servidor, en México existen solamente tres Clásicos: uno nacional (América vs. Chivas) y dos regionales (Chivas vs. Atlas y Tigres vs. Monterrey). El resto son únicamente rivalidades que pueden generar más o menos interés, más o menos pasión, más o menos duelos individuales y más o menos rachas con buenos momentos.

Eso sí, nadie me quita la nostalgia por aquel primer, auténtico y original Clásico mexicano que surgió de manera espontánea el 9 de octubre de 1927 y que en mis sueños e ilusiones, algún día se volverá a vivir con otra intensidad, quizá la intensidad *milennial* del siglo XXI.

INTRODUCCIÓN

El libro *Clásicos del fútbol mexicano* retoma historias de los cinco encuentros más importantes del país: América-Guadalajara, Pumas-América, América-Cruz Azul, Tigres-Rayados y Atlas-Guadalajara.

Al escribir esta obra, los autores decidimos alejarnos de las frías estadísticas para meternos al terreno de juego y conformar un anecdotario apasionante, con los acontecimientos que han marcado estos cotejos y han hecho vibrar a generaciones de aficionados.

Los sucesos que aquí se narran son pintorescos, singulares y de onomástico. Para presentar esta colección de memorias recurrimos a los protagonistas, que nos abrieron su corazón, que es redondo y de gajos. Aquí hay entrevistas exclusivas con personajes como Fernando Quirarte, Claudio Suárez, Carlos Hermosillo, Roberto Gómez Junco, Rubén Omar Romano, Mario Rubio, Gerardo Galindo, Jesús Ramírez, Raúl Gutiérrez, Narciso Ramírez, Roberto Guerrero Ayala, entre muchos otros que evocan con recio sabor futbolero, pasajes que han decidido estos encuentros trepidantes.

Los aficionados han visto muchos de estos momentos del balompié mexicano, pero desconocen intimidades que se vivieron en el terreno de juego, en la oficina, la cabina de transmisión, y que aquí, por primera vez, son reveladas. Los entrevistados responden con gambetas, fintas y tiros directos, cada uno con su estilo.

Aquí hablan, finalmente, Hermosillo y Quirarte, cada uno por su lado, para explicar qué detonó la gran bronca del Clásico nacional de 1986. Gómez Junco explica cómo ocurrió el incidente, que vació las bancas de Águilas y Chivas en la gran riña de 1983.

Roberto Medina describe cómo vio, en el terreno de juego, aquel soberbio golazo del Tuca Ferretti en la final de Pumas-América en CU en 1991; Potro Gutiérrez recuerda que estuvo tirado en el pasillo, cuando le apedrearon el autobús a las Águilas, tras un empate épico que rescataron de visita ante la UNAM.

También recordamos aquella vez que Rayados envió a segunda división a Tigres, y cómo los felinos se desquitaron al coronarse en el único juego de campeonato de Liga de Clásico Norteño, que terminó "en tu casa y con tu gente". Evocamos aquel gol con el dedo de Dios, de Guille Franco ante Tigres, que le dio a Rayados el pase agónico a la final el 2005. Además, rememoramos los tres derbis de finales femenil entre los equipos de Nuevo León.

Narciso Ramírez, con la casaca de los millonetas, confiesa arrepentido cómo le clavó los tacos a Supermán Marín, de la Máquina; Mario Rubio, como juez de línea, se adelantó al VAR y sancionó correctamente un disparo que campaneó en un Clásico Joven. Contamos por qué el Piojo Herrera festejó con tanta vehemencia en la épica remontada del derbi que arrojó la mayor *cruzazuleada* de la historia.

El Pistache Torres, con los Académicos, recuerda cómo fue la burla del Tubo Gómez, del chiverío que, en un Clásico Tapatío, se sentó en el poste a leer una revista, y cómo fue el desquite posterior. Rescatamos aquí la historia del sonado campeonato de Atlas de 1951, que fue, precisamente, contra el Rebaño. Cómo se tuvo que suspender el primer derbi entre los dos jaliscienses, por una bronca campal.

Así como estos, se muestran muchos otros episodios festivos, picosos y hasta dramáticos, que llenaron de polémica y emoción nuestros Clásicos, y que hoy le dan forma a este libro, hecho por *cracks* de la pluma que son, como ustedes, apasionados del fútbol.

Luciano Campos Garza
Coordinador

CAPÍTULO 1
GUADALAJARA VS. AMÉRICA

Por Óscar Adrián Velázquez

¿RIVALIDAD FABRICADA?

Es la brecha eterna entre la luna y el sol. Por su oposición y similitud, es como querer mirarse desde el otro lado del espejo. Es comparar lo dulce con lo amargo, la lucidez con la locura, el agua y el aceite, el castigo y el perdón.

Hablar del Chivas-América, es referirse al partido con más atención del fútbol mexicano. Es la rivalidad más representativa del país ante el mundo, y la de mayor peso gravitatorio. Son filosofías opuestas, fundidas armónica y discordantemente en el corazón de una sola. Forman una épica icónica, magnética y referencial.

Se trata de las dos playeras con más afición del país, y dos clubes protagonistas, no siempre por tintes positivos, pero protagonistas inevitables al fin, de forma paralela, al paso del tiempo.

Habrá quien diga que en décadas recientes, sus éxitos deportivos no justifican situarlos como los más grandes exponentes del balompié de este país. Esto especialmente en el

Guadalajara, que en el cierre del siglo XX y lo que va del XXI ha estado lejos de las glorias que lo distinguieron como uno de los más ganadores en los inicios del profesionalismo. Pero este antagonismo compartido es otro de los ingredientes que sirven para validar la rivalidad, denostada o vanagloriada, pero difícilmente ignorada. Cuando cremas y rojiblancos coinciden en una cancha, la combinación resulta en un atractivo ineludible, una invitación al 'qué sucedió' que dominará las charlas futbolísticas las siguientes horas en cada rincón del país.

Solo que los orígenes del Clásico nacional no son del todo lógicos. ¿De dónde nació esa enemistad? ¿Por qué rivalizan dos equipos situados en ciudades a 500 kilómetros de distancia? ¿Qué detonó ese antagonismo que hoy se acepta con total cotidianeidad?

Roberto Guerrero Ayala, decano cronista deportivo de la *Perla de Occidente*, no duda en afirmar que la rivalidad es genuina y real, aunque apunta que, en sus inicios, los enconos no fueron igual de espontáneos como los de otros derbis del mundo. Para él es claro que los intereses económicos, y una visión de masificación y arraigo, estuvieron detrás del surgimiento del llamado Clásico nacional. Una tentación a la notoriedad, que los directivos de ambos clubes no pudieron resistir.

"Yo soy partidario, y en toda mi vida siempre he pensado, que los Clásicos naturales son los que surgen de la entraña del pueblo, no los creados mercantil y comercialmente. Por ejemplo, para mí auténticos Clásicos formados con ese sello son el Atlas contra Guadalajara, o el Atlante contra el España. Otro Clásico natural es el de Monterrey y Tigres, porque son dos equipos que comparten una localidad con un gran antagonismo y una gran personalidad; pero el Clásico del que me hablas y que ahora llaman Clásico nacional, surge comercialmente", sostiene categórico el cronista.

Lo dice una voz autorizada en el tema. Con una carrera de casi 70 años al micrófono, en los que ha podido narrar miles de partidos, incluyendo 13 Copas del Mundo, don Roberto ha sido testigo en primera fila de la evolución del fútbol nacional.

Para entender el encuentro, invita a asimilar el contexto que fomentó el fenómeno que se desataría después. Una historia que se remonta a los últimos años de la década de los 50. Dice: "Yo no sé si el Clásico América-Chivas era inevitable, como algunos suponen, pero sí estoy seguro, porque me consta, que hubo factores que buscaron que este partido se convirtiera en lo que hoy conocemos".

La época de la que habla Roberto Guerrero se volvería una era de cambios que reformaron el deporte en el país. El fútbol mexicano cumplía medio siglo con una liga profesional, pero el organismo, en el sentido estricto, aún estaba en proceso de consolidarse. En 1943, tras una larga pugna del Gobierno, la carrera del futbolista finalmente se reconoció como una profesión regulada por la ley. Esto no solo daba el carácter de contribuyentes a los jugadores, sino que obligaba a los clubes a reformar sus finanzas partiendo de contratos laborales. Iniciaba una revolución en el balompié azteca.

Dentro de las reformas aprobadas ese año, dos clubes se sumarían a la entonces llamada Liga Mayor, equivalente a lo que sería después la Primera División: el Guadalajara, fundado en 1906, y el Atlas, también tapatío, instaurado en 1916. El América, también de 1916, venía participando en el máximo circuito futbolístico desde 1922.

Era obvio que el asunto de las finanzas se volvía algo serio para los clubes, y la carrera por la popularidad y el éxito taquillero abría nuevas inquietudes entre los precursores de lo que es ahora la Liga MX. Ya no bastaba con impulsar el deporte y luchar por impregnar el fútbol entre la afición. Ahora, regido por órganos laborales, había que monetizarlo para sustentarse, crecer y subsistir.

Refiere Guerrero Ayala: "Se dio una transformación que incrementó los intereses mercantilistas entre los clubes. Hoy vemos que eso se sigue dando, pero en aquel tiempo era totalmente nuevo. La necesidad de tener dinero para impulsar a los equipos, y todo en el marco legal, era una nueva tarea que no se tenía prevista, y había que valerse de nuevas herramientas para hacer negocio partiendo de lo deportivo".

Fue así que entre los mecanismos para atraer a la afición a los estadios tenía que existir algo más que el simple espectáculo por sí mismo. Era la hora de formar la identidad de los grandes enfrentamientos, y ofrecerlos como algo especial. La creación de una rivalidad, que provocara entre los aficionados un sentimiento que añadiera valor y expectativa a un encuentro, era el camino más inmediato.

"El América, antes de la llegada de la familia Azcárraga al fútbol, no era nadie, y esto lo digo con conocimiento de causa. En mi tierra natal Zamora, Michoacán, hablo de la temporada 1957/58, yo recuerdo una visita del América de las varias que tuvo, y el Zamora lo goleó cuatro goles a uno. El América no era aquel suceso que vimos en décadas posteriores. A la llegada de esta empresa televisiva el club adquiere una nueva personalidad, y de paso se gesta, porque esa es la palabra, se gesta, esta rivalidad con Chivas. Se enfrentan, entonces, el equipo de los millonarios, el América, contra el equipo de los abogados de los pobres, que eran las Chivas Rayadas del Guadalajara".

Las Chivas, en ese punto de los 50, ya eran también muy populares, pero de ninguna forma abarcaban el territorio que hoy cuentan a nivel nacional, y menos fuera de las fronteras. El conjunto rojiblanco trajo frescura a la competencia, pero su despunte llegaría a partir de 1956, cuando lograría siete títulos de Liga, un título de Copa México, un campeonato centroamericano, uno más de CONCACAF, y seis conquistas de Campeón de Campeones, todo en un lapso de nueve años. Se venía el surgimiento del equipo que llevaría por mote el de Campeonísimo.

"Guadalajara cobró relevancia deportiva, y con ello vinieron los primeros ídolos con alcance nacional, como Salvador Reyes, Guillermo Sepúlveda, y muchos otros, que fueron importantes para que se viera al conjunto en un grado superlativo. El América, con su nivel de extranjeros, aumentaría el valor de esas hazañas, aunque de alguna forma se colgó de esa misma fama para asentar su proyecto como empresa cuando cambia de manos", dice el decano.

Con solo unos años en el circuito, y para sorpresa de muchos, Guadalajara se volvía el máximo exponente del fútbol mexicano. Con ello, aun sin planearlo, tomaba de paso el estandarte del paladín del país. Era el valiente provinciano representante del pueblo, que con arrojo y puros mexicanos en su nómina, desafiaba el centralismo de la Liga, representado esencialmente por el América, el cuadro propiedad de una emisora arropado por el glamour de las cámaras, el poder de extranjeros de élite y un hambre manifiesta de conquista.

¿Cómo era posible que un club que no fuera de la capital robara todo el protagonismo? Esa pregunta debió rondar en los pasillos del América, que entonces gozaba de haber ganado ante Chivas las primeras dos finales de la historia, ambas en el torneo de Copa en sus ediciones 1954 y 1955, choques aún sin considerarse partidos de Clásico.

El entorno marcaba un terreno inexplorado para un duelo de dimensiones mayúsculas. El combustible impregnaba el aire en las dos plazas más importantes del país. Solo faltaba la chispa para hacerlo detonar. Y esta vendría del seno de los clubes, sobre todo del de la capital.

"Cuando Televisa adquiere el equipo América en 1959, en la nueva directiva nació esa pregunta: ¿cuál es el equipo más arraigado en México? Pues el Guadalajara, porque es el ganador actual y juega con puro mexicano. Dijeron: Pues nosotros vamos a ser su antagonista, el equipo de los ricos y poderosos. Y así lo presumían dentro del club América, sin vueltas ni tapujos", detalla Guerrero Ayala.

La operación para hacerse del club América fue contundente. El equipo pertenecía entonces al empresario refresquero Isaac Bessudo. Emilio Azcárraga Milmo, padre de Emilio Azcárraga Jean, quien fuera luego presidente del consejo de administración de Grupo Televisa, concretó el traspaso el 22 de junio de 1959. En su mensaje para anunciar el cambio, advirtió claramente sobre la visión que tendría para el conjunto de Coapa, y que fue clave en el nacimiento del Clásico ante Chivas.

"Yo no sé nada de fútbol pero sí sé de negocios y voy a convertir al América en un negocio bien administrado y redituable", declaró *el Tigre* Azcárraga. Esas palabras se volverían, más que una profecía, una declaración de guerra eterna, que haría eco en la capital de Jalisco.

"América tenía que valerse de lo mejor para comenzar a resaltar, y Chivas era la respuesta. Ahí crearon este Clásico que le ha servido muchísimo a la empresa televisiva. Creció y creció, y desde luego tomó validez, ahora todo mundo lo toma como un Clásico, insisto, es un Clásico real, pero que no surgió del pueblo; surgió del mercantilismo", retoma Roberto Guerrero.

Iniciaba una era. Se establecía un nuevo horizonte que acompañaría al balón en México para la posteridad.

LARGA DISTANCIA PARA JALISCO

Viendo hacia atrás, con el paso del tiempo, el Clásico nacional del fútbol mexicano ha sido una especie de obsesión para algunos que desean presumir de su autoría.

El fútbol mexicano, cuando estaba en formación, necesitaba un chispazo que inflamara la pasión de la rivalidad que es ya la más grande de la conocida ahora como Liga MX. La discusión está abierta sobre quién arrojó el cerillo que incendió la hoguera, quién fue el autor de la rivalidad, el padre de los Clásicos América-Guadalajara.

En Jalisco hay directivos que presumen ser los autores de la rivalidad. En la capital del país también hay versiones de quienes se atribuyen el plan para darle una identidad perpetua a un duelo de por sí atractivo.

Lo que es una verdad incontrovertible es que no fue hasta que el América pasó a ser parte de Grupo Televisa, cuando se habló de una rivalidad declarada. Era el año 1959 y ya Chivas brillaba en el balompié nacional. América quería colgarse de esa inercia, y desfogar la emergente necesidad de los clubes de ser redituables ante la ley laboral. Cuando la poderosa emisora adquirió el equipo de los cremas, encontró un producto con el que podía dar un golpe en la mesa donde se decidían los destinos del fútbol mexicano.

La oportunidad de afianzar en la cancha esta idea llegaría en la temporada de ese mismo año. Fernando Marcos, entrañable técnico del América, aportaría uno de los puntos claves para el reconocimiento del antagonismo.

Roberto Guerrero Ayala, decano periodista de Guadalajara, detalla aquella estrategia de don Fernando para apuntalar la rivalidad: "Hay muchas versiones de en qué momento se reconoció al Clásico como tal. Muchos se asumen como forjadores de esta rivalidad, pero yo recuerdo que todo comienza a tomarse de esta manera cuando viene el episodio con el maestro don Fernando Marcos, quien puede considerarse el auténtico precursor del Clásico nacional".

Iniciaba la campaña 1959/60. El conjunto capitalino, dirigido por el mítico estratega, había dado cuenta de dos equipos jaliscienses. Primero venció 2-0 al Oro de Jalisco y, posteriormente, le repitió la dosis al Atlas por idéntico marcador, ambos juegos como visitante.

"Venía la visita del América al Guadalajara. Y don Fernando le dijo a sus jugadores: 'Hay una prima especial si derrotan al Guadalajara 2-0'. Pero les aclaró que si el marcador era 1-0 o 3-1 no habría recompensa. El marcador tenía que ser 2-0, ni un gol más ni un gol menos", recuerda Guerrero Ayala.

El plantel rojiblanco venía invicto. Pocos apostarían que el equipo jalisciense fuera a ser derrotado al igual que sus coterráneos, y menos que no le hiciera un gol al América. El duelo se desarrolló el 5 de agosto de 1959 en el Parque Oblatos, en la capital de Jalisco. El equipo de los cremas saltó a la cancha decidido y, en un duelo de un solo lado, se salió con la suya. Es imposible saber si el once fue movido por el premio económico, o los alentó el orgullo o una combinación de ambos factores. Ganó con marcador de 2-0. El deseo de don Fernando se cumplió. América hilvanó su tercer triunfo en suelo tapatío por el mismo resultado, e inflamó la antipatía de las tres aficiones locales. El favorito sentimental había sido vencido por un América que iniciaba su etapa con Televisa en plan conquistador. Al final del partido, ante los ojos de la prensa nacional, Fernando Marcos emitiría la soberbia frase que llenó de orgullo al entorno americanista, y que desató la furia del gremio rojiblanco: "América no viene a Guadalajara a ganar, eso es rutina. Nosotros venimos a Guadalajara a cambiarle la clave de larga distancia. Así que ya saben, mis amigos, cuando quieran llamar a Guadalajara marquen 2-0, 2-0, 2-0, cortesía del América".

Fue como encender un fósforo en una habitación repleta de gas.

Recuerda el decano del micrófono: "Se le estaba dando una identidad altanera al equipo de la emisora. No había lugar para la humildad, la cortesía o la sencillez. Era el equipo que pregonaba todo lo opuesto a lo que los orígenes de Chivas dictaban. No le importaba ser el malo de la historia. Era soberbio, orgulloso, y parecía disfrutar el odio de los rivales. Se la hizo al Guadalajara, que era el equipo del momento. Ahí en el ambiente comenzó a hablarse de una rivalidad enconada, y los jugadores de ambos equipos la adoptaron. Siento que ahí nació este Clásico, movido por los intereses de ambos equipos".

Había nacido un Clásico después de ese juego anecdótico, afirma Guerrero Ayala. Un Clásico que cambiaría la historia del fútbol en México.

UN REMACHE DE ORGULLO

Pasada la primera mitad del siglo XX, el panorama en México comenzó a desviar sus reflectores a dos equipos específicamente, ya no solo por sus logros deportivos, valiosos por sí mismos, sino por su enemistad declarada como instituciones. Guadalajara, en su momento cumbre, en pleno surgimiento del Campeonísimo, reconocía en el América, el club de Televisa, a su némesis futbolera.

Todos los factores que se requieren para forjar una rivalidad deportiva se combinaron años atrás; algunos de forma espontánea, y otros, como explica el cronista Roberto Guerrero Ayala, de forma direccionada e intencional, dando como resultado el Clásico nacional, considerado así hasta nuestros días.

Iniciaba la década de los 60, y el choque de cremas contra rojiblancos representaba mucho más que un simple partido de fútbol. Era la batalla de los ricos contra los pobres; los ídolos mexicanos contra las figuras del extranjero; el poder del centralismo contra el arrojo de la provincia.

Los logros deportivos de ambos clubes, protagonistas indiscutibles, captarían los reflectores los años siguientes, dando fuerza a la identidad del partido. Chivas fue campeón de Liga en 1959/60, 1960/61, 1961/62, y 1963/64, además de ser campeón de Copa en la campaña 1962/63. América fue subcampeón de Liga en 1959/60 y 1961/62, y campeón de Copa en 1963/64.

El impulso era claro, se formaba una saga. Don Fernando Marcos, entrenador del América, había desenterrado el hacha de guerra y ensanchaba la polaridad entre ambos, tras un triunfo histórico sobre el Guadalajara, que inició oficialmente el antagonismo. Pero aún faltaba una ratificación que lo arraigara, y esta se daría en una final de Campeón de Campeones.

Fue el 26 de abril de 1964. Chivas, campeón de Liga, se medía con el América monarca de Copa, en el estadio Olímpico Universitario de la Ciudad de México.

Indiscutiblemente, los dos clubes eran los máximos exponentes del fútbol mexicano, y dos de los equipos con más afición. Su disputa ya envolvía más que el mérito futbolístico. Detrás estaban el orgullo y la pasión, ingredientes que sólo se colman en la victoria sobre el archirrival.

Esa tarde lluviosa, el Guadalajara dictó cátedra y le dio un golpe en la vanidad a un América que lucía como ligero favorito por la localía. El plantel de Jalisco puso algo más que fútbol, y terminó imponiéndose 2-0. Era un auténtico grito de orgullo del chiverío, una revancha a las finales de Copa de la década anterior. Pero lo histórico esa tarde no vendría en el marcador. De entre los futbolistas estaba a punto de surgir un símbolo de lo que envolvía el partido, y que a la vez afianzaría la idea de que había un encono entre ambas playeras.

Evoca Roberto Guerrero Ayala: "El *Tigre* Guillermo Sepúlveda es otro de los que puede asumir que dio origen a la rivalidad. Lo que hizo ese jugador en aquel partido de Campeón de Campeones es como el remache para lo que venía dándose entre los dos equipos".

Este emblema sí fue espontáneo.

En un tiro de esquina a favor del América, Alfonso Portugal, volante de los Millonetas, como ya se les conocía, apareció para buscar rematar. Al disputar el esférico por alto terminó dándole un cabezazo a Sepúlveda, recio defensor del Rebaño, quien terminó con una herida en la ceja y manchó con sangre su playera. Ante el golpe, el tapatío buscó revancha e intentó golpear a Portugal. El árbitro intervino y expulsó a Sepúlveda, pero dejó sin sanción a Portugal, pese a cometer la falta previa, que derivó en una herida evidente.

El *Tigre* Sepúlveda protestó por el criterio dispar del silbante. Rememora Guerrero: "Le dijo al árbitro que no estaba siendo justo: '¿Por qué nada más a mí?'. No se quería ir de esa final, y se rehusó a salir del campo. Le dijo al árbitro a gritos y manotazos: 'No me salgo y no me salgo'. Le gritó de todo por, según él, estar favoreciendo al América, el equipo de los poderosos".

El partido se suspendió unos instantes. La furia del futbolista destellaba en el recinto, y fue un como un grito que hizo eco en la conciencia de la masa. De pronto Sepúlveda no era un jugador expulsado más, protestando una decisión deportiva. Era el reflejo de un país donde los pobres eran despojados por la fuerza del poder, y donde la autoridad, intocable, no hacía nada para impedirlo. Su bravura fue mucho más que la de un deportista que protestaba por una injusticia: era el grito de los que se rebelan contra la adversidad, por no tener otra alternativa.

"Esa acción del *Tigre* provocó división en la gente, caló hondo en el sentir de los fieles seguidores de nuestro México de aquel entonces, muchos simpatizando con Chivas, porque reflejaba de alguna forma lo que se vivía en la sociedad, la lucha contra el poder, contra los ricos, de parte de un pueblo en desventaja. El jugador de Chivas no se salía. Al árbitro no le quedó más que llamar a dos elementos de seguridad para que fueran a sacar a la fuerza a Sepúlveda. Pero el *Tigre* estaba aferrado y no quiso acceder. Al no poder con él, los de seguridad comenzaron a corretearlo por el campo, pero el futbolista era todo un atleta, y obviamente no pudieron alcanzarlo. Al final, ya viendo en lo que estaba terminando, el defensa del Guadalajara acabó deteniéndose frente a la banca del América, se quitó la camiseta manchada de sangre, con furia la tiró al campo, y les dijo a los suplentes que calentaban: 'Con esta tienen hijos de tal por cual', y se fue al vestidor ante la reacción de la gente, algunos a favor y otros en contra. Ahí se amarró el Clásico. Fue un símbolo que sería recordado los siguientes partidos, con dos clubes ganadores, pero claramente opuestos en su filosofía".

¿Por qué el Guadalajara se prestó a fomentar la rivalidad, si el plan fue originado del lado del América y para su beneficio?

"No sé exactamente por qué ni cómo el Guadalajara se prestó a eso. Pero sí te puedo decir que le convino, porque ya cada visita del América al estadio Jalisco eran llenos apabullantes, y lo mismo sucedía cuando las Chivas visitaban al América. Entonces comercialmente se subió el negocio, y televisivamente se comenzó a vender como el producto de una creación, el nacimiento de un partido con una rivalidad popular".

Lo que vendría años después entre Chivas y Azulcremas sería, en forma definitiva, una misma historia contada en dos idiomas distintos. Un partido que creció para volverse uno de los grandes pilares del fútbol mexicano. Acaso nacido, como sostiene Guerrero Ayala, no de un entorno genuino, como otras series de la Liga, sino de un plan bien aprovechado, que dividió, divide y seguirá dividiendo los criterios más básicos de identidad en el sentir de los aficionados.

"Una vez platicaba de esto con don Marcelino García Paniagua, que en paz descanse, y quien fue presidente de las Chivas en 1985. Le dije: don Marce, qué es esto del Clásico, si sabemos de dónde vino todo. Me dijo: 'Inventos, hombre, inventos de ellos, los del América, pero nos va muy bien a los dos', y soltó la carcajada. Creo que es de esos inventos sacados de intereses económicos, pero que vinieron a cambiar para siempre la historia que conocemos. Y así será por muchos años".

ANATOMÍA DE UNA RIÑA MONUMENTAL

América y Guadalajara se enfrentaron en la semifinal del torneo 1982/83. Las súper Águilas habían batido todos los récords en esa campaña y las Chivas jugaban buscando un milagro.

Se esperaba un choque pasional por la prosapia de las dos playeras, pero nadie sospechaba el desenlace de esa serie, que será recordada por siempre en el balompié azteca. El duelo pasaría a la historia como uno de los máximos ejemplos de la pasión que se desata cuando las dos escuadras se encuentran juntas en el rectángulo verde.

El juego de ida, celebrado el 19 de mayo de 1983, pareció refrendar las distancias entre ambos. Atendiendo a la lógica, el plantel capitalino se plantó con jerarquía en la cancha del estadio Jalisco, y se impuso 2-1 con goles de Norberto Outes de penal, y del brasileño Nilton Pinheiro *Batata* en una gran jugada colectiva. Roberto Gómez Junco descontó para las Chivas con un tiro de media distancia, en un gol que en ese momento parecía solo el de la honra, pues no alcanzaba para cambiar el semblante de víctima del Guadalajara rumbo a la conclusión, escasos días después.

El encuentro definitivo de la vuelta se cumplió el mediodía de aquel 22 de mayo, una calurosa tarde de domingo en el estadio Azteca, al sur del Distrito Federal.

Desde una hora antes del comienzo, el Coloso de Santa Úrsula vibraba con más de 100 mil almas en sus tribunas. Había un ambiente de fiesta nacional, ya que dos días antes, el 20 de mayo, México había sido designado para albergar la decimotercera edición del Mundial de Fútbol en 1986, ante la imposibilidad de Colombia de sostenerse como sede. Sería por ese motivo, o quizá por lo exquisito del platillo futbolístico en sí, que el grito de 'Me-xi-có, Me-xi-có' hermanó a las aficiones de forma espontánea y previo al silbato inicial.

El Guadalajara iniciaba una misión prácticamente imposible. Tenía que anotarle dos goles al América, y no recibir ninguno. Dicho de otra manera, tenía que vulnerar al menos dos veces a la mejor defensiva del año, y a la vez, mantener a raya a la ofensiva más demoledora, con el campeón goleador incluido. Para adelgazar más la cuerda floja sobre la que caminaría Chivas, las Águilas habían ganado 17 de sus 19 partidos en casa en el calendario regular, y sumaban seis años sin ser derrotadas en casa por el Rebaño.

La tensión se respiraba al máximo, y pronto se reflejó en el nivel futbolístico. Con el silbatazo de inicio, lejos de lucirse, los integrantes de los dos equipos mostraron la presión que recaía sobre sus botines en un juego cortado, sin asociación y sin referentes que tomaran las riendas para su causa. Apenas un aviso de Javier Aguirre a pase de Outes sobre la portería jalisciense, pero, después, lo mismo, pelotazos vulgares, juego lateral, poco encare. Se palpaba el miedo a equivocarse en los protagonistas, que no ligaban tres pases. El partido era como un cordel estirándose, a punto de reventar.

En ese tenor comenzó el desorden. Los jugadores, cada vez más descaradamente, metían la pierna con más fuerza, so pretexto de disputar el balón. Las entradas comenzaron a subir de tono sin que nadie pusiera orden.

El árbitro central, el uruguayo-mexicano Edgardo Codesal, parecía consentir absolutamente. Los abanderados, Rodolfo Fregoso y Vicente Alvirde tampoco colaboraban para que el juego se serenara. Años después Codesal explicaría que si se guardó las tarjetas al inicio, fue porque no deseaba perjudicar a ninguno de los equipos, de cara a una eventual final. El tiempo diría que logró todo lo contrario.

Desde los primeros minutos del cotejo aquello era ya una olla de presión. El chiva Eduardo Cisneros le daba un rodillazo a *Batata* tirado en el suelo. Segundos después, Batata se cobraba con un puntapié a Fernando Quirarte al intentar un despeje. Ricardo *Snoopy* Pérez planchaba sin balón a Mario Trejo. Y nadie decía nada.

Al minuto 4 Samuel Rivas de Chivas le asestó un codazo en el rostro al americanista Cristóbal Ortega, que sufrió corte en el pómulo. Era el único jugador que había participado en todos los partidos del año con las Águilas. Tras un fallido intento por continuar, el ídolo presentó mareos y finalmente fue relevado por Carlos de los Cobos, al minuto 22.

Chivas perdió a su entrenador en el minuto 13, ya que Alberto Guerra se fue expulsado al protestar airadamente, pateando el balón desde la banda, por una mano que no se marcó del defensor Armando Manzo que, de no cometerse dejaba solo al *Snoopy* rumbo al área americanista.

Los leves coqueteos de generar fútbol se volvían cada vez más escasos, especialmente en el América, que no tenía prisa. Con patadas y reclamos constantes entre los futbolistas, parecía cuestión de tiempo para que las cosas se salieran de control. Y así fue.

Al minuto 25, en un tiro libre a favor de Chivas, el capitán Javier Cárdenas pisó el balón para que disparara Pepe Gutiérrez. El intento se estrelló en Vinicio Bravo, quien se lanzó con todo desde el muro defensivo. Outes tomó el rebote en los linderos del área americanista, y lo acarreó hasta la parcela contraria a toda velocidad por el centro del rectángulo, aprovechando el desconcierto tapatío. El argentino parecía ganar la carrera a los defensores, la portería se le ponía cada vez más grande en el horizonte y se vislumbraba la mejor oportunidad para liquidar la serie. Casi perfilando, y cuando lucía mejor la descolgada, Cisneros, el último obstáculo de Chivas, lo pateó para frenarlo cuando bordeaba el área rojiblanca. Outes cayó, pero en un mismo movimiento se puso de pie con la inercia de la carrera. Enfurecido por la acción soltó un golpe en la espalda a Cisneros, quien lejos de dolerse o amedrentarse regresó para encararlo y lo retó a pelear. Se formó la cámara húngara.

Quirarte llegó al quite y empujó a Outes. Los americanistas se fueron sobre el *Sheriff* formando dos focos de atención. Outes no atinaba a dónde voltear, y apenas se lanzó contra uno de sus rivales, cuando fue frenado por un cartón rojo que le plantaba una mano firme casi en el rostro. Era el árbitro que, en medio de la vorágine, lo expulsaba por su reacción original.

Al ver que solo el goleador americanista era sancionado, los elementos del cuadro local se abalanzaron enérgicos contra el nazareno. Los del Rebaño, lejos de replegar, iban al frente, movidos por la calentura. Había gritos, amenazas y manotazos.

Entre los jaloneos, Cárdenas le tiró un golpe a Mario Trejo del América, quien se tiró al piso. El auxiliar Fregoso estaba cerca y reportó la acción al central. En medio del tumulto, Codesal expulsó al capitán chiva y encendió aún más los ánimos. El duelo se ponía 10 contra 10.

El desorden creció. Gente de pantalón largo ingresó al campo, muchos de los invasores eran representantes de los medios de comunicación con cámara en mano. En esos años, era común que los fotógrafos y reporteros ingresaran al terreno en pleno partido, cuando había un gol o un incidente como ése.

Esa segunda roja invirtió los papeles. Ahora eran los del Rebaño los que reclamaban con todo al abanderado, mientras que los del América decidieron replegarse a su campo. Codesal no dio marcha atrás. Cárdenas estaba expulsado. Y esa fue la mecha que detonó la campal. Al saberse fuera del partido, el capitán rojiblanco cruzó la cancha corriendo hasta donde estaban los americanistas. Cerca de su banca, le propinó un puntapié pleno a Trejo, para después salir por piernas. Todos los de amarillo se le fueron encima.

El brote de violencia se generalizó. *Sammy* Rivas apareció golpeando a Héctor Tapia, suplente del América. Estéfano Rodríguez, portero suplente del Rebaño, repartió rodillazos a Cristóbal Ortega. Se lanzaban golpes y patadas por todos lados. Los elementos de la policía tuvieron que dejar de cuidar las tribunas para ingresar a separar a los rijosos, que ya para entonces se habían olvidado por completo del balón. Se había creado un clásico zafarrancho.

Un fotógrafo acaparó la escena al desvanecerse entre la riña principal, presuntamente golpeado en la cabeza por una batería alcalina que cayó de la tribuna. Al ser asistido por un granadero, un cohetón detonó junto a ambos en el campo, encendiendo las alertas. El caos reinaba peligrosamente. En medio de todo, el capitán azulcrema Alfredo Tena sacó la bandera blanca. Con las palmas al frente, como mostrando su franca intención de parar, comenzó a alzar la voz entre todos, aventando a compañeros y rivales para volver a la cordura. Por un momento pareció ser el único que recordó que se desarrollaba un partido de fútbol.

Pasaron los minutos, y la paz comenzó a regresar paulatinamente. Los policías apoyaron para calmar los ánimos y los brotes fueron contenidos. Los extraños empezaron a abandonar el campo, y los equipos a enfocarse en retomar la batalla deportiva. En las tribunas había mucha expectación y arreciaban las porras por la gratuita función pugilística.

Ocho minutos tardó el duelo en reanudarse.

Codesal reunió a los capitanes, Tena y Sergio Lugo, este último quien tomó el gafete de Chivas tras la expulsión de Cárdenas. Pero la mini cumbre de paz no pasó del diálogo. Increíblemente, luego de la gran bronca, no hubo más tarjetas. La mano arbitral se veía frágil. Eso sería el ingrediente clave para lo que sucedería minutos después.

Volvió a rodar el balón. América fue a menos después de la reanudación. El Guadalajara, sin ser brillante, comenzó a inclinar la balanza a su favor y pronto lo reflejaría en el marcador.

Se jugaba el minuto 45 de tiempo corrido, 11 después de reanudado el duelo. En tres cuartos de cancha, Gómez Junco metió un centro frontal que Javier Aguirre no atinó a despejar. El rebañón le cayó a Jaime Pajarito, quien tras matar la bola con el pecho prolongó de cabeza a la izquierda hasta el pico del área, donde Gutiérrez controló, amagó a Eduardo Bacas, y levantó un centro de tres dedos a segundo palo. Ahí Rivas recentró de cabeza para *El Snoopy*, quien se venía cayendo por un empujón de Vinicio Bravo. De forma fortuita, el balón le cayó justo al cuerpo al atacante, y tras estabilizarse y controlar con el muslo, se lanzó de tijera en el aire y enganchó un remate con la pierna derecha, sin dejar botar la pelota, parado sobre el manchón penal. El balón salió tendido pero colocado, y venció de forma agónica el lance del portero Héctor Miguel Zelada. Era el primer disparo de peligro de las Chivas en el partido y se traducía en el 1-0. El gol que ponía a los de Jalisco a un tanto de alcanzar la final, para sorpresa de propios y extraños.

América seguía a la baja. Tres minutos después del festejo, Gómez Junco orquestó un desdoble que culminó con un centro preciso para Jaime Pajarito, quien cabeceó con etiqueta de gol, pero Zelada a dos manos evitó lo que parecía el segundo. El Rebaño se había sacudido la etiqueta de víctima con que llegó al encuentro, y para entonces dominaba las acciones, soñando con asestar otro golpe en la meta rival que consumara el campanazo.

Moría el maratónico primer tiempo. A los 9 del alargue, la armadura invencible del América se fracturó aún más. Armando Manzo, el central férreo de los cremas, no atinó a despejar un balón largo, y en su persecución se ganó la tarjeta roja por tirar un codazo a *Sammy*, quien lo acechaba cerca del banderín del tiro de esquina.

Segundos después de la expulsión, y aún con la tribuna en ebullición, un paracaidista descendió en la cancha... luego un segundo y posteriormente dos más, volviendo a impedir que continuara el partido. Se trataba de la sorpresa del medio-tiempo, que, dado el retraso por la bronca previa, terminó adelantándose a su hora estelar.

Pasaron dos minutos para volver a reanudar el extrañísimo primer asalto del partido. Y justo en el cobro de Chivas, Cisneros puso la pelota con chanfle a primer palo. Quirarte logró peinar, y la esférica terminó en el área chica, a los pies de Demetrio Madero, quien tras controlar de derecha fulminó a la zaga con la zurda y marcó el 2-0, que desataba la locura para los seguidores tapatíos. Chivas acariciaba el milagro. El súper América, el mejor equipo de todos los tiempos en México, estaba contra las cuerdas, en inferioridad numérica y sin su goleador estelar.

La embestida de los cremas sería rabiosa en el complemento. Bajo el arco del chiverío, *Zully* Ledezma aparecería para salvar heroico un remate de cabeza de Trejo al minuto 75. *Batata* fue derribado por Quirarte en el área, pero Codesal se negó a marcar lo que parecía un claro penal. Guadalajara resistía. El puerto se veía cada vez más cerca para el desestimado barco chiva, que para entonces, cauto, solo desdoblaba cuando no había riesgo de quedar mal parado en defensa.

Las entradas siguieron al filo del reglamento. Codesal se limitaba a amonestar. La desesperación de quedar fuera aumentó la calentura entre los de casa. Un gol americanista obligaba al alargue. Un tercero de Chivas, liquidaba todo.

Finalmente ocurrió lo segundo.

Al minuto 89, Vinicio Bravo intentaba una última salida para el América, pero Gómez Junco lo despojó en mediocampo y acarreó la pelota hasta el área. Tras aguantar un tiempo la jugada abrió a la derecha para el arribo de Rivas, quien sobre la carrera y sin pensarlo sacó un zapatazo de pierna derecha con mucho efecto, que se coló a las redes pegado al poste derecho de Zelada. Era el merecido 3-0, 4-2 global. La explosión contrastada de júbilo y tristeza inundó la tribuna. El gigante había caído a manos de su archienemigo. Y entonces vino lo impensado.

La banca americanista se vació y comenzó una nueva gresca en el campo, más rabiosa y descontrolada que la del primer tiempo. Pocos entendían lo que pasaba. Pero esta vez no había cuartel. La celebración por el gol se cortó de súbito. Muchos rojiblancos, todavía sin saber por qué, comenzaron también a tirar golpes, mientras el campo se llenaba, otra vez, de gente de pantalón largo salida quién sabe de dónde.

Ya no había mediadores.

Tena, el pacificador del primer tiempo, ahora destacaba por ponerle un par de derechazos a Eduardo de la Torre. El de las Chivas se desquitaba con Narciso Ramírez. Gutiérrez pateaba a Mario Trejo. Manolo Rodríguez recetaba a Cisneros. Los granaderos cargaban contra aficionados, prensa y utileros. Abundaban aventones, patadas y jaloneos de todos y contra todos.

Consumada la eliminación del América, Televisa, empresa dueña del club y a través de la cual era transmitido el partido, cortó la emisión con la bronca en pleno.

A lo lejos, cerca de la portería sur, la tripleta arbitral contemplaba la escena sin siquiera intentar intervenir. Tras un gesto altivo, Codesal se dio la media vuelta, y se encaminó al vestidor codo a codo con Fregoso y Alvirde. Habían transcurrido cinco minutos desde el gol.

En el campo, muchos seguían sin conocer qué desató la nueva campal, pero los golpes se prolongaron por 10 minutos más. Cuando las hostilidades cedieron, Chivas tuvo que entrar a su vestidor escoltado por los granaderos, bajo una lluvia de objetos de la tribuna en señal de reproche.

La labor estaba hecha.

En la semana llegaría el dictamen disciplinario. Por América fueron suspendidos Manuel Bravo, Luis Rodríguez, Héctor Tapia, Hugo Salazar, Mario Trejo, Alfredo Tena, Carlos de Los Cobos, Juan Antonio Luna, *Batata* y Outes. Por el Guadalajara quedaron inhabilitados Javier Cárdenas, Roberto Gómez Junco, Gabriel Zapiáin, Javier Ledezma, José Gutiérrez, Eduardo Cisneros y Jaime Pajarito.

Chivas alcanzó una nueva final, y enfiló ante el Puebla que había dejado en el camino a los Leones Negros de la Universidad de Guadalajara.

Las siete bajas, seis de ellas titulares, pegarían profundamente en el Rebaño para la disputa por la Copa.

"Chivas ganó un gran Clásico, pero ese día perdió la final, por tantas bajas que sufrió", sentenció entonces el cronista Roberto Guerrero Ayala.

Pero ese 22 de mayo no había lamento entre las huestes tapatías. Se había ganado el Clásico más importante hasta ese punto de la historia. El más disparejo en el papel.

CONFESIONES DE UN 'RIJOSO' QUE NO TIRÓ NI UN GOLPE

El nombre de Roberto Gómez Junco es para las nuevas generaciones un sinónimo de calidad al micrófono, reconocido como uno de los mejores –y, para muchos, el mejor– entre los analistas deportivos de México.

Quienes no tuvieron la oportunidad de ver al Gómez Junco futbolista, un volante de fina estampa, toque privilegiado y poderoso disparo de media distancia, admiran hoy, y con razón, la ecuanimidad y brillantez del cronista regiomontano, también escritor de libros y columnista en periódicos de circulación nacional.

Por eso, al escucharlo hoy con su estilo de sensatez y ética, resulta difícil pensar que sería capaz de desatar una batalla campal por ir a provocar al bando adversario, en un partido de fútbol. Pero sí. En un viaje al pasado, Roberto se confiesa y rememora, con un aire de sinceridad culposa, su intervención en aquella bronca de la semifinal de 1983, que llevó el Chivas-América a un nivel épico y pasional, a través de una riña memorable.

Roberto reconoce que provocó la histórica reyerta aunque, en realidad, no dio ni un solo golpe durante el episodio.

Admite: "Tengo que aceptar que aparentemente fue mi festejo el que desencadenó la bronca. Fue un festejo después del tercer gol con el que ya eliminábamos al América, fue una jugada en la que doy un pase a Samuel *Sammy* Rivas, es el que anota el tercero, no sé si faltarían siete u ocho minutos, pero el América en ese momento necesitaba un gol para igualar el marcador global porque había ganado en la ida 2-1. Cuando cae ese 3-0 el América estaba prácticamente eliminado y yo, instintivamente, voy y festejo frente a la banca del América".

-¿Qué te motivó a eso, en un juego donde ya había mucha tensión y hasta una bronca preliminar en el primer tiempo?

"Es difícil decir una sola razón, había muchas cosas en ese momento para todos. En la semana hubo muchas declaraciones de los americanistas, particularmente de Reinoso, el técnico, menospreciando a las Chivas. Él perfilaba un partido como de trámite para ellos, creía que iban a eliminar fácilmente al Guadalajara. Ganan la ida en el Jalisco y, con mucha más razón las declaraciones van en ese sentido. 'Estamos pensando en la final, porque el Guadalajara no es adversario como para eliminarnos...', decía. Entonces todo eso influye en que, cuando cae el tercer gol, de repente veo a la banca del América. Sé dónde está, y festejo frente a ellos. No fue tanto para burlarme. Festejé, pero lo hice frente a la banca".

El papel de villano le sienta extraño a quien, en el micrófono, se ha distinguido por defender la ética y el juego limpio. Empero, revela que de aquel incidente no carga remordimiento. Pese a lo peligrosa que se vio la escena, obró en aquel momento movido por la pasión y la inexperiencia.

Analiza: "Es algo que con el tiempo te perdonas a ti mismo. Estamos hablando de que yo tenía en ese momento 27 años. Quizá es algo que no haría ahora, pero entiendo que fue algo que me nació hacerlo a esos 27 años. Tampoco me arrepiento gran cosa. Aparentemente ese festejo fue lo que desencadenó la bronca, aunque no sé si se hubiera producido la bronca de cualquier forma, porque para cuando yo festejo sale la gente del América de la banca, y de repente ya se está golpeando todo mundo en la cancha".

-¿Qué pasó por tu mente al ver en lo que se convirtió aquello?

"Inicialmente no piensas nada. Yo al ver todo lo que se desencadenó lo que hago es protegerme, porque de pronto me encuentro rodeado de americanistas, ya que ni siquiera tuve una participación importante en esa bronca... bueno, fuera de que, obviamente, quedo, por lo menos oficialmente, casi como el organizador de la pelea. Fue la calentura del momento, de un jugador al que le nació festejar el que en ese momento era el triunfo más importante del Guadalajara, en mucho tiempo.

La charla se vuelve un buen momento para confesiones, pero también para puntualizar. Roberto admite su papel en aquel zafarrancho monumental, aunque delimita claramente cuál fue su responsabilidad, y cuáles fueron las cosas que nunca hizo, y de las que en su momento se le acusó en las transmisiones de aquella época. Se le acusó, infundadamente, de iniciar la gresca al agredir al preparador físico azulcrema Hugo de Anda.

"Nunca le pegué a De Anda, pero coincido, la transmisión tomaba partido de forma clara y evidente. Era notoria la amargura de los comentaristas, con la playera del América puesta, algo que, afortunadamente, se fue modificando. Los comentaristas de ahora no manifiestan esas mismas tendencias, pero en aquellos tiempos era algo normal. El América era el equipo de la televisión, el equipo de Televisa, y se le echaban muchas porras, era una época en la que Televisa era radicalmente distinta a lo que es ahora. De hecho, cuando yo llego a Televisa, lo hago porque yo ya veo ese cambio generacional, y un verdadero deseo de ejercer un periodismo más abierto y sin línea alguna, sin preferencias. Pero en aquel tiempo sí era muy marcada la preferencia hacia el América, y en la transmisión se ve la frustración de los comentaristas".

"Si alguien dijo que yo comencé la bronca por agredir, ahí sí se equivocó totalmente. Yo la provoco con mi festejo, con todo lo que eso implicaba, y como ya lo dije, no es algo para enorgullecerse tampoco, pero esa fue mi única equivocación, el festejo. Yo no agredí a nadie, al revés, gente del América brota de la banca, y de repente yo estoy rodeado de seis o siete, alguien me pega por la espalda, yo ni siquiera sé quién es, y no tiro golpe alguno, y hay imágenes en ese sentido. Si lo hubiera hecho, simplemente lo reconocería, pero yo no tiré ningún golpe. Me protegí porque las circunstancias me obligaban a eso, seis o siete contra mí, mientras que en el resto de la cancha ya se había desatado la bronca, ahí sí, con jugadores de los dos lados tirando golpes como podían".

-¿Te citó la policía en la Delegación Coyoacán, como se dijo?

"Queda como una anécdota. Sí me acuerdo de ese dizque citatorio, pero yo no fui a delegación alguna, para nada. Después me enteré que estábamos citados algunos, que teníamos que ir por la bronca que se había desencadenado. Era un ambiente inolvidable en el Azteca, porque desde aquella época hablábamos de que el estadio, en un América-Chivas, se llenaba, y que solía tener más gente de las Chivas. Era un estadio que festejaba ese día un triunfo inesperado y sorprendente del Guadalajara, y por goleada, 3-0... Después del partido vamos al hotel, y no sé si esa misma noche o a la siguiente, me entero de que me habían citado en una delegación, a mí y a otros jugadores. Yo me imagino, por lo que después supe, que la directiva del Guadalajara actuó en consecuencia y resolvió ese asunto para que no tuviéramos que presentarnos en la delegación. Pero no, nunca me tocó dentro del fútbol ir a delegación alguna para declarar sobre nada, aunque sí me enteré de lo que mencionas".

-¿Qué pasó luego del partido, y la bronca?

"Después del partido fue ir al hotel de concentración y todavía seguir festejando, y todavía en parte sin creer lo que habíamos hecho, porque en ese momento era toda una hazaña".

Así lo recuerda el que jugó aquel torneo, y que entendía lo que era el América, un América prácticamente invencible.

"Aunque quede registrada oficialmente como Subcampeonato, por perder posteriormente contra Puebla la final, para las Chivas esa temporada había sido todo un éxito, porque se había eliminado al América que en aquel momento había roto todos los récords, una aplanadora americanista nos había ganado en el Jalisco en la ida 2-1, y le ganamos 3-0 en el Azteca. No es el triunfo más importante en la historia de Chivas, porque las Chivas han ganado campeonatos, han ganado títulos, en ese sentido tendríamos que remitirnos a algunas finales.

Pero haber vencido en esa semifinal al América era casi casi como ganar el campeonato".

"Claro que lo idóneo hubiera sido redondearlo con el título, pero ya no dolió tanto perder esa final. Creo que para cuando Chivas pierde con Puebla, todavía está festejando el triunfo de una semana antes contra el América en semifinales. Entonces, en el contexto, claro que sí le duele al Guadalajara perder esa final con Puebla, aunque se festejó mucho el haber eliminado al América en lo que en ese momento era el partido más importante en la historia de los Clásicos, sin saber que un año después se produciría el más importante de todos, que fue enfrentarse en la final".

-¿Coincides con los que dicen que Chivas ganó ese día un gran Clásico y una gran pelea, pero perdió desde ese momento la final?

"Claro que influyó, había muchos lastimados y suspendidos, recuerdo haber visto por televisión aquel doble enfrentamiento Chivas-Puebla, y del lado del Guadalajara había cuatro jugadores que podemos considerar titulares inamovibles, cinco o seis, aunque el equipo estaba mermadísimo. Que estuviera perdida de antemano la final, pues no lo creo, tan no lo creo que se definió por la instancia de los penales. Fue muy meritorio lo que hizo aquel cuadro, el segundo cuadro de Chivas en la final. Los penales los terminan ejecutando Sergio Lugo y Demetrio Madero, jugadores que no sé si alguna vez habían tirado un penal en un partido oficial en su vida".

Con todo, Roberto no cambia nada de su historia en aquel memorable 1983. Antes de volver al presente, comparte un hecho que pudo cambiar el rumbo de la semifinal, además de su visión de lo que ha significado esa batalla al paso de los años en la entrañable rivalidad.

"Lo que la gente no sabe es que en esa bronca, entre los manotazos y pequeños golpes, el que comete la falta o el que ameritaba la expulsión de parte de Chivas era Cisneros, pero llega Codesal, y en lugar de expulsar a Outes y Cisneros, expulsa a Outes y Cárdenas. Cárdenas ahí sí es completamente víctima de un error, y es mal expulsado. Y me acuerdo de esa frase en el campo que le decía mi compañero Cárdenas a Codesal: 'Te juro por mis hijos que yo no fui, no sé quién le pegó a Outes, pero no fui yo'. Codesal nunca corrigió eso, se va mal expulsado Cárdenas, y Cisneros sigue en la cancha".

-¿A dónde va el América-Chivas?

"El Clásico seguirá siendo el más importante mientras sigan siendo los dos equipos con el mayor poder de convocatoria, y todas las mediciones siguen indicando eso. Son América-Chivas, y después ya brincas a los siguientes, hay un buen brinco para Cruz Azul, Pumas, los Tigres, que se están metiendo entre esos equipos con poder de convocatoria, pero creo que Clásico nacional seguirá siendo el más importante".

"Lo que sí creo también es que podría adquirir mayor dimensión en la medida en que los dos equipos fueran protagonistas, que lo fueran las Chivas, porque el América siempre pretende serlo, el América en México es el equipo con mayor nivel de exigencia, el América le apunta al título en cada torneo que juega, y el Guadalajara no. El Guadalajara durante muchos torneos nada más la va llevando, se conforma con permanecer en Primera División como es en la actualidad, a veces con clasificar, y si se puede, pelear por el título. Pero no es un equipo con el mismo nivel de exigencia, con una presión similar a la que vive el América y que quizá no tiene ningún otro".

"Si ambos equipos tienen esas aspiraciones de estar siempre arriba, sí creo que puede revitalizarse el enfrentamiento entre ellos, que se produzcan más enfrentamientos en las Liguillas, y no tan disparejos como se han dado en los últimos tiempos. Ayudaría también si se lograra que los jugadores permanecieran más en los respectivos equipos, algo que se ve muy difícil por la actualidad del fútbol, para que también la rivalidad en la cancha adquiera otra dimensión. Los que jugamos aquellos Clásicos de los ochentas los vivimos muy intensamente porque acumulamos muchos Clásicos. Hoy creo que se ha perdido identidad con jugadores que suman dos o tres

Clásicos apenas, y ahí es un terreno que puede incrementar el valor de un Clásico nacional, que es de por sí el más grande del fútbol mexicano".

LOS INTRUSOS LLEGARON DEL CIELO

En la historia del Clásico nacional se puede encontrar un sinfín de motivos por el que las acciones han debido frenarse, desde una falta cotidiana, un conato de bronca, un técnico que invade el campo, entre muchas otras situaciones propias del juego.

Pero ninguna como la que ocurrió el 22 de mayo de 1983, en la vuelta de la semifinal del torneo 1983/84, duelo que se consideró en su momento el más determinante en los libros de la enconada rivalidad.

En pleno partido, que vivía el cierre del primer tiempo, del cielo llegó el motivo para pausar las hostilidades por varios minutos. Un paracaidista, en un vuelo tan organizado como sorpresivo, descendió en el terreno del estadio Azteca... luego un segundo, un tercero y finalmente un cuarto, ante el asombro de propios y extraños.

Mientras los más de cien mil asistentes en la tribuna estaban metidos en las acciones del cotejo, el espectáculo aéreo apareció llenando de confusión la escena futbolística. A través del televisor, de igual manera, la audiencia contada por millones no daba crédito al nuevo incidente con tintes de inaudito, en un partido que se inmortalizó por estar cargado de ellos.

Algunos pudieron pensar que la caída era una especie de accidente. Al paso de los minutos, y ya con el descenso del grupo completo, la razón tomó forma. Los acróbatas, que se habían preparado como sorpresa para el medio tiempo, bajaron cuando el partido estaba en pleno, por estarse reponiendo los minutos perdidos en una batalla campal.

Corría el minuto 9 después de los 45 regulares, cuando la estampa inolvidable se escribió en una tarde que había tenido de todo.

El cuarteto de voladores fue un respiro a la tensión que se vivía en el campo, luego de una bronca descomunal y la sensación de estar al borde de un nuevo estallido, por las entradas violentas que se replicaban una y otra vez en ambos bandos sin empacho.

El cielo de la capital recibió a los artistas de los aires con gran asombro, pero con una naturaleza distinta al plan original. No hubo música para acompañar el momento, ni un anuncio al micrófono para acentuar su intrusión.

Pese a lo inoportuno de la bajada, al menos los paracaidistas cayeron cuando el duelo se detenía por una acción determinante. Justo antes del primero de los aterrizajes, Armando Manzo, defensor central del América, se había hecho expulsar al lanzar un codazo al delantero tapatío Samuel Rivas.

Mal momento para el acto. Lo que debió ser una intervención festiva y estelar se convirtió en un problema para las autoridades en el campo que, presionados, sin importar las formas, ahora apresuraban a los arrojados volantineros a recoger sus paracaídas sin tiempo para desenredar ni organizar sus cuerdas, prestos a desalojarlos a toda prisa del rectángulo verde.

No les dio tiempo para el contacto con el público que quizá planearon por muchas horas. Un discreto saludo a la tribuna fue su máxima oportunidad, un corto e ingrato reconocimiento a su vuelo temerario. Como intrusos indeseados, los paracaidistas terminaron saliendo por la banda sin la gloria del momento, para terminar sentados en un rincón pegado al inicio de las gradas.

Su precisión y experticia quedaron plasmadas, no sólo por bajar perfectos en la zona destinada, sino por hacerlo en la hora en que se les pidió consumar el acto. Ellos no fallaron. El desfasado a todas luces era el partido, que a esa hora debería estar viviendo el entretiempo, y sin embargo, por las broncas y los desaliños vivía, en vez de ello, momentos cruciales en la serie.

Tras casi dos minutos del intempestivo intermedio, el encuentro se reanudó con el cobro de la falta que derivó en la expulsión de Manzo. Justo ahí Chivas encontró el segundo gol de la tarde, haciendo olvidar rápido la acrobática interrupción, y reconectando a la gente con la importancia del partido.

El espectacular descenso pasó a ser solo una anécdota más, aunque viendo lo que ocurrió apenas segundos antes y después del show, quedará la duda de si esa bajada podría haber cambiado la historia de esa Liguilla, ya que de ocurrir instantes antes pudo evitar la expulsión de un elemento del América, o bien, si momentos después, interrumpir un gol clave del Guadalajara en la remontada rumbo a la final.

El cielo no se equivoca. El rezo popular aplicaría para Chivas.

LA BRONCA DEL 86: 22 JUGADORES EXPULSADOS

Eran los días de una década que redefinió la historia del máximo Clásico del fútbol mexicano, y que llevó al América -Guadalajara a un plano superior.

Con el palpitar de la Final de 1984, la trepidante serie de cuartos de 1985 y el eco violento de la batalla campal de la semifinal de 1983, los reflectores brillaban como nunca cuando Águilas y Chivas se cruzaban en el terreno de juego.

Faltando 14 años para despedir el siglo XX, no había un espacio deportivo en los medios de comunicación de México donde cremas y rojiblancos no jugaran un rol preponderante. Los diarios los citaban en sus portadas, la televisión los seguía a donde fueran, y sus aficionados, contados ya por millones, sumaban adeptos de forma inevitable cuando la pasión se encargaba de polarizar el balón.

Ya el mote de *Superclásico* enmarcaba cada enfrentamiento entre ambos planteles, que a 27 años de entrelazar sus historias bailaban en el aire al compás de la espera, engallados y orgullosos, como contando las horas de coincidir otra vez, al tú por tú, en el rectángulo verde. Un duelo en la cumbre, auténticamente nacional y atrayente.

Y si ya la década de los ochenta acumulaba capítulos obligados para referir la rivalidad, el 17 de agosto de 1986 quedaría marcado por albergar uno que resumiría para siempre el encono, y le daría identidad y cauce a las siguientes generaciones.

Esa tarde de domingo los ojos del país se centraban en el duelo número 128 de todos los tiempos entre el Guadalajara y el América, que engalanaba la Jornada 3 de la temporada 1986/87. Era un platillo estelar tempranero, en un año futbolístico que reanudaba la actividad de clubes tras la fiesta del Mundial de naciones México 86, donde el país fue anfitrión universal por segunda vez en su historia.

Semanas atrás, en esa misma cancha del estadio Azteca, Diego Armando Maradona, el astro de la selección argentina, había levantado la Copa de la FIFA tras vencer en una final épica a la Alemania Federal. La influencia mundialista aún se respiraba, y se volvería importante esa tarde, ya que desde el seno de la selección tricolor bajaría la chispa del incendio que le dio a ese Clásico una huella imborrable.

En realidad, el encuentro no tenía relevancia mayor en lo deportivo, ni se sentía una tensión extraordinaria. Lo más anecdótico parecía ser el retiro del árbitro Antonio R. Márquez, juez central que había elegido ese día para poner fin a 20 años de trayectoria. Empero, ni en sus peores pesadillas el nazareno habría imaginado cómo terminaría aquella tarde de su adiós al silbato.

El argentino Miguel Ángel Zurdo López dirigía a un América que resentía la salida, meses atrás, de referentes como el argentino Daniel Alberto Brailovsky, clave en los títulos recientes. Alberto Guerra, en su cuarto año al frente de los jaliscienses, por su parte, orquestaba un plantel que mantenía una base y una mística de cantera. Un ajedrez táctico sin mayor oropel.

Pero el antagonismo había cobrado fuerza, y con dos planteles inundados de carácter, la rivalidad por sí misma vino a aportar ese día el ingrediente que acabó dictando el rumbo, y arrojando un nuevo símbolo de la pasión entre las escuadras.

Al minuto 50, la máxima emoción llegaba con el gol de Eduardo Bacas, un remate de cabeza a primer palo que tomó altura y se incrustó en el ángulo contrario, en el 1-0 que enfilaba a las Águilas al triunfo sobre el Rebaño. Las Chivas se fueron al frente en pos del empate y asediaron por momentos la meta de Héctor Miguel Zelada, aunque sin suficiente intensidad para concretar.

Práctico, como el sello de su estratega en turno, América apagó los intentos rivales enfriando y cancheando el partido, en búsqueda de desdobles oportunos. Parecía el típico Clásico donde lo mismo se festejaría el triunfo, aunque deslucido, por el solo mérito de haber sido obtenido ante el odiado rival. O igual asomaría por ahí un empate tardío, acaso merecido por Chivas para rescatar el orgullo, pero nada más. Era un partido franca y objetivamente candidato a ser olvidado por la historia.

En el minuto 72 todo aparecía en los niveles promedio de un duelo promedio... hasta que vino lo inesperado.

En una escapada por la izquierda, por Luis Roberto Alves Zague, que había entrado de cambio, se plantó frente al arquero Javier Ledezma, en la mejor opción para liquidar al Rebaño. Su disparo de zurda encontró el cuerpo del guardameta y el esférico rebotó en el área quedando a la deriva, como congelado en el aire, a la altura de la media luna. Desde ahí, en la contra, el aguilucho Gonzalo Farfán apareció de cabeza intentando clarear, pero el balón besó el poste y acabó en las manos del cancerbero, que quiso jugar rápido de manos, como dictan los cánones cuando el equipo va perdiendo. Pero Bacas lo estorbó para evitar la sorpresa, y tras un jalón del suéter le arrebató el balón. La falta era normal, y de no ser porque cortaba un avance, terminaría en un cobro rutinario. Solo que, en la calentura del juego, y por ser un derbi que se veía en todo el país, la infracción engendró una reacción desaforada. Cuando se venía el cobro, Fernando Quirarte, el central de las Chivas, apareció en la escena para vengar a su portero y le puso un golpe, entre pechazo y cabezazo, a un sorprendido Bacas, que exageró la agresión y rodó en el pasto pidiendo justicia.

El hombre del silbato no dudó, y le sacó la segunda amarilla al tapatío. Quirarte se lamentó un segundo, miró el césped y pareció arrepentirse. Era la foto para ilustrar la derrota. Pero la escena cambió de súbito. Justo en ese momento, una voz al oído le hizo modificar la actitud. El que le hablaba era Carlos Hermosillo, delantero americanista que se aprovechaba de la confusión y le restregaba furtivamente la expulsión. En un instante el *Sheriff* Quirarte se llenó de energía, olvidó el derrotismo y le afloró algo más que el instinto de llano. Sacó el colmillo y encaró al ariete veracruzano, en la vieja artimaña de los expulsados que intentan llevarse a un adversario entre las espuelas.

Hermosillo pudo rehuir al encare, pero no lo hizo. En vez de ello endureció el pecho y aceptó el reto en una actitud emocionante, aunque difícil de entender. Si el americanista le hubiera dado la espalda, como mandaba la lógica, habría quedado exento de todo y su equipo habría enfilado a un triunfo casi seguro. América se hubiera anotado la victoria por un gol. Faltaban pocos minutos y el rival estaba disminuido. Parecía un trámite. Pero no. Carlos, extrañamente para muchos, se cruzó con Quirarte en el intercambio, primero verbal, luego de manotazos leves. Después, ya enganchado, tiró un puntapié corto, pero artero, al paso del defensor chiva, quien, al sentir el contacto, vio consumada su provocación y se tiró al piso exagerando el dolor. Quirarte había logrado su cometido y, desde el suelo, se dolía presionando al silbante para que presionara al rival. Antonio R. Márquez midió con la misma vara, y emparejó la cuenta expulsando al goleador de los cremas. Ésa fue la explosión.

Luego de ver la tarjeta roja, Hermosillo caminó rumbo a la portería so pretexto de enfilar al vestidor, pero en el trayecto se encontraba Quirarte tirado, aún quejándose de la patada. Esta vez Hermosillo lo pateó, ya no discretamente, sino de forma artera, con dureza y al rostro, una reacción alevosa que pocos podían entender. Sería hasta años después que se conocerían los motivos verdaderos de esa agresión. Pero, en el momento, el ataque fue el combustible que desató el pandemonio.

Demetrio Madero, Benjamín Galindo, Ángel Torres y Pepe Gutiérrez estaban a unos pasos de Hermosillo, y cobraron revancha inmediata pateando con todo al joven americanista, que apenas si alcanzó a salir por piernas del tumulto. De la nada, como en los pleitos de cantina de las películas del Lejano Oeste, el brote de golpes se generalizó con una sincronía casi irreal, extendido a cada elemento del campo. Cristóbal Ortega contra Benjamín Galindo; Alex Domínguez contra Madero; Alfredo Tena contra Torres. Los ídolos del pueblo olvidaron su papel de futbolistas para tomar el de auténticos gladiadores, sin que nadie pudiera frenarlos. Las bancas se vaciaron, y un tumulto de elementos de pantalón largo invadió el campo, incluyendo masajistas, utileros y personal de los clubes quienes, contagiados por la euforia, no tardaron en tomar parte en la batalla. Representantes de los medios de comunicación aumentaron el caos al ingresar al campo entre empujones, para captar el momento desde el ojo del huracán. La tripleta arbitral, viendo la magnitud del zafarrancho, dejó de procurar el orden para protegerse en el perímetro de las acciones, apelando solo al poder de sus decisiones póstumas.

De los pocos que aparecieron en todo momento buscando terminar con la violencia fueron los técnicos, quienes por momentos parecían triunfar en su intento, para luego verse rebasados por la intensidad de los rijosos. El personal de seguridad no pudo con la misión. Afortunadamente, a diferencia de la bronca de 1983, esta vez la gente en las tribunas permaneció atenta, efusiva y expectante, pero en orden, sin unirse a la reyerta y mucho menos intentando bajar al campo para sumarse a ella. Fueron minutos larguísimos de escenas pandilleriles, transmitidas en vivo y a todo color en cadena nacional.

De a poco fue menguando el incidente. Los esfuerzos por contener a los rijosos comenzaron a fructificar, y los intercambios se volvieron cada vez más aislados. Se asomaba la posibilidad de seguir, aunque para entonces el terreno de juego estaba inundado de gente ajena al partido y de objetos que sirvieron para la bronca. El juego era una papa caliente. Cuando el último de los golpes se lanzó, y los frentes acabaron por respetarse, la decisión estaba en manos del silbante. ¿Cómo se procedería?

Tras deliberar con sus jueces de línea, y luego de unos minutos de expectación total, el silbante decretó suspendido el partido, y ordenó la expulsión para los 22 jugadores que alineaban antes de la bronca. Un Clásico para los libros.

Antonio R. Márquez no volvería a pitar. El 1 de octubre de ese año, 45 días después, se jugarían los 18 minutos restantes del Clásico. El escenario sería la misma cancha del estadio Azteca, pero esta vez sin público por castigo de la Liga. Las acciones se retomaron justo en el área norte, donde comenzó la batalla con una falta *táctica* de Bacas sobre Ledezma.

El marcador final permaneció 1-0 a favor del América.

VIEJOS RENCORES

"Un Clásico América-Chivas no necesitas calentarlo, porque los equipos deben estar calientes en todos los sentidos cuando lo juegas. Pero ese día sí se rebasó todo. Los Clásicos no se generan porque te agarres a golpes con los del otro equipo. Pero de lo que sí estoy seguro es que en ese entonces había mucha rivalidad", recuerda Carlos Hermosillo, a más de dos décadas después de aquella tardeada dominical que devino en la bronca del América-Guadalajara de 1986.

La confesión aflora. El rostro de Hermosillo parece endurecerse cuando recuerda la provocación que desató el caos. Era poderosa la razón que motivó su acción aquella tarde. Hasta ahora se revela el misterio. Si ese día azuzó a Quirarte, y después no se evadió ante el encare del tapatío, fue porque había una cuenta pendiente entre ambos. El delantero aún conserva en la pierna la cicatriz que le quedó de la última concentración de la Selección Nacional, antes del Mundial, meses antes de aquel Clásico Chivas-Águilas en el Azteca.

Relata el veracruzano: "Yo venía de estar en la Selección en el Mundial del 86, y el último interescuadras que hicimos fue en Toluca, en instalaciones de la Nestlé. Era una cancha muy bonita, y yo jugaba de reservas obviamente, era muy joven, estaba iniciando mi carrera, tenía 19 años".

"En ese entonces a los defensas les costaba mucho trabajo marcarme, y ese día más, por el trabajo físico que habíamos hecho. Y así fue, encaré a Quirarte varias veces y aunque era el titular le estaba costando frenarme, y en una jugada se le hizo muy fácil meterme una muy buena patada. Casi me truena, recuerdo perfectamente. Tengo la marca todavía en la pierna izquierda".

Hermosillo pone el dedo en la llaga. En el tono de su voz parece revivir el dolor de aquella acción. De lo fuerte del golpe no pudo ni pararse para reclamar. La jugada traería repercusiones. Hasta el mismo entrenador del Tricolor, el serbio Velibor Milutinovic, presagiaba sus consecuencias, e intentó calmar al oriundo de Cerro Azul, Veracruz.

"Fue tan dura la entrada que me dio que ahí se acabó el entrenamiento. Bora Milutinovic paró la práctica, y después de que me atendieron me dijo: 'Tranquilo', como sabiendo que yo estaba enchilado. La jugada se me quedó a mí muy marcada, porque no me pareció de compañeros. No me pareció leal", dice el atacante, uno de los mejores rematadores de cabeza en la historia del balompié mexicano.

El desencuentro parecía olvidado. Hermosillo y Quirarte siguieron compartiendo la camiseta verde el resto de la primavera. El grupo Tricolor terminó su participación en aquella justa mundialista el 21 de junio de 1986, al caer en Cuartos de Final ante Alemania Federal, en el estadio Universitario de San Nicolás de los Garza, Nuevo León, en la famosa tanda de penales. Llegarían las vacaciones, la pretemporada con sus clubes y el inicio del torneo mexicano 1986/87. Menos de 60 días después de despedirse de la concentración en Tri serían rivales en el Clásico nacional. Ese día fue cuando afloró todo lo que había contenido el delantero americanista, desde aquella patada que recibió en la práctica en Toluca.

Hermosillo Goytortúa entra en detalles del incidente en la cancha del estadio Azteca: "Cuando vamos a jugar el primer Clásico después del Mundial, a Quirarte lo expulsa R. Márquez, y lo que hace es que viene y me insulta, y yo dizque le doy una patadita por abajo, y dizque, porque ni siquiera le alcanzo a pegar, R. Márquez me expulsa, y un compañero, del que no voy a decir nombres me dice: 'Pártele su madre', y fui por él".

-¿Quién fue ese compañero que te aconsejó?

"La verdad no lo voy a decir porque no es el caso, pero sí, un compañero me dijo que le partiera su madre, y me le fui. Me expulsan y de pasada le doy una patada, según dice él que fue en la cara, y ahí se desata una bronca descomunal".

Un mito de vestidor apunta el encono hacia otros motivos. Se cuenta que Hermosillo y Quirarte se habrían agarrado a golpes antes, en una de las concentraciones de la selección, por un incidente donde el defensor de las Chivas defendió de una burla a Raúl Servín, uno de los más jóvenes de aquel grupo. Carlos lo niega tajantemente, aunque admite que el resentimiento se añejó por varios meses, antes de estallar en aquella bronca de inicios de temporada.

"No hubo golpes, mentira, jamás. Yo era muy joven, jamás le reclamé. Te voy a decir una cosa: yo siempre he sido muy temperamental, y si él me hubiera tocado, hubiera acabado mal, la realidad no fue así. Además, en esa época yo lo que quería era jugar en la Selección, empezaba mi carrera y él era uno de los consolidados, y sabía que para mí habría sido una desventaja".

-¿Quirarte se disculpó en esa etapa mundialista, o en algún otro momento contigo?

"Nunca me dijo nada".

Fernando Quirarte también tiene su versión de los hechos.

Suspira cuando se le menciona la batalla épica del "86". Al evocar aquel año tan importante en su carrera, el ahora exfutbolista atesora todo lo cosechado en aventuras en Clásicos y la Selección Nacional. Pero, a diferencia de Hermosillo, no cree que los disensos entre ellos se originaron en un entrenamiento con el Tri. El *Sheriff* cree que se calentaron por roces que tuvieron en ese mismo Clásico del 17 de agosto, que acabó a golpes. En un gesto de franqueza, Quirarte Gutiérrez acepta que utilizó la maña para enganchar al delantero rival, y en eso centra su relato.

"La verdad me acuerdo de la patada, en el entrenamiento de la Selección, pero no creo que haya sido así, que hubo venganza en el Clásico. Siempre pienso diferente, creo que más bien lo que pasó fue la rivalidad que hay entre los dos equipos, y que uno siempre quiere ganar. Yo me remonto, más bien, a ese mismo partido, se calienta el juego por entradas de Hermosillo hacia mí y de mí hacia él, pero nunca con mala intención, simplemente eran entradas viriles, fuertes. Quienes han jugado Clásicos saben a lo que me refiero, son entradas fuertes pero sin mala intención, entonces ya de ahí se desató esta cosa", afirma.

-¿Recuerdas qué te dijo Hermosillo, cuando te expulsaron?

"La verdad no, pero de eso se valió para que buscara emparejar. Así pasa cuando te expulsan, tratas de llevarte a otro, para no dejar a tu equipo en inferioridad numérica, y eso fue lo que pasó, traté de llevarme a Hermosillo, y eso resultó. Recuerdo que yo estaba tirado y me pega una patada. Así fue. Cuando ocurre la expulsión va y pasa Carlos Hermosillo, y me pega en la cara, y se meten mis compañeros a defenderme", dice.

El tiempo hizo lo suyo, y hoy ambos exfutbolistas son leyendas de sus exequipos. Paralelos desde siempre, hoy comparten la profesión de comentaristas, aunque al igual que su rivalidad con el balón, compiten desde emisoras distintas. En dos cosas coinciden tras 23 años: que el Clásico nacional tenía más pasión en sus épocas, y que no hay rencores entre ellos. Al menos es la versión oficial.

Afirma Carlos, ahora: "Yo no tengo molestia con Quirarte. Pasó eso en su momento y son cosas del fútbol, pero yo era muy joven y aprendí que no debes ser malintencionado. No estoy mal con Quirarte, sus formas no me gustan, pero eso no quiere decir que yo esté enojado con él".

El saldo de la bronca fue ejemplar. Hermosillo fue suspendido 13 partidos, equivalentes a tres meses y una semana, por ser el iniciador del pleito. Alfredo Tena y Fernando Quirarte estuvieron cuatro juegos congelados. El castigo mayor fue para Gonzalo Rivera, masajista del América, quien se fue un año castigado.

Hermosillo sonríe tras el viaje al pasado. Y más, al comprender la trascendencia de un consejo como el que le dieron y que tomó con un enojo acumulado y en un entorno embravecido. "Cuando acabó la bronca, la persona que me dijo que le partiera su madre a Quirarte, platicó conmigo y me dijo: 'Te dije que le partieras su madre, pero debajo de la cancha'. O sea, que lo hiciera en el punto donde se encontraban los dos equipos bajando a los vestidores. Pero yo lo hice arriba. Me ganó la pasión, me ganó el coraje".

CLAUDIO SUÁREZ, A UN PASO DEL AMÉRICA

El letrero electrónico se encendía una y otra vez en aquella improvisada sala de espera. Desde lo alto del muro, encima de un marco de madera, la pizarra con luces rojas, se volvía el centro de atención de las miradas, en un pasillo alterno al lobby del hotel Hyatt, en el puerto de Acapulco.

En el recinto, en medio de una gran expectación, se desarrollaba el séptimo régimen de transferencias del fútbol mexicano, la semana más importante previa a un calendario futbolístico del semestre.

Eran los primeros días de junio de 1996. Durante unas horas, los 18 equipos de la Primera División de México se reunían para intercambiar futbolistas, a fin de definir sus plantillas para la competencia. Aquel dispositivo electrónico era el único nexo entre dos mundos paralelos. Cada vez que los sensores cobraban vida, el futuro inmediato de un jugador se ponía en juego. Los leds circulares dibujaban un nombre, junto con su ficha técnica y el club de procedencia. De esa manera se anunciaba, para los que esperaban afuera, que al interior de las puertas un nuevo elemento era negociado al mejor postor entre los equipos del máximo circuito.

En ese espacio, reservado para promotores, invitados especiales y futbolistas, esperaba su turno de aparecer en la pantalla Claudio Suárez Sánchez, el líder de la defensa de la selección mexicana y el mejor defensor nacional del momento. Tras una vida en los Pumas, donde se forjó desde Fuerzas Básicas, *El Emperador* buscaba nuevos horizontes para su carrera futbolística, y se convertía en uno de los peces gordos a seguir en el llamado mercado de piernas.

A sus 27 años, el nacido en Texcoco estaba resuelto a darle un cambio a su carrera, no por falta de interés de su equipo, sino por el sueño propio de crecer. Tras debutar en 1989 con la piel de la UNAM, su despegue deportivo había rebasado por mucho su humilde salario con los felinos. Probaba el mejor momento de su vida, en franca madurez personal y profesional y, sin esperanzas de un mejor contrato con los del Pedregal, le había llegado la hora de aventurarse por nuevos aires.

Contrario a la dramática incertidumbre de la mayoría en el Draft, Claudio tenía avanzado su destino desde antes de llegar al Hyatt. Aunque clubes como el Toluca insistían por sus servicios, y en los medios le apuntaban múltiples destinos, el defensor había negociado en secreto su cambio al América, equipo que se armaba para el debut del argentino Ricardo La Volpe en el timón. Todo marchaba sobre ruedas, y faltaban solo detalles para concretar la operación. No habría problemas, pensaba el zaguero camino al hotel.

Lo que Claudio no contemplaba es que durante aquella jornada de negociaciones, la historia de un fichaje que pintaba como bomba, daría un vuelco insospechado. Tras verse con un pie en las Águilas, el zaguero fue informado por la UNAM que el América ya no estaba tan firme en su deseo. En la mesa, los directivos del Ave no se movían por él. Pronto le llegó una versión de que el conjunto de Coapa había revirado, al parecer, por tener la opción de un jugador del exterior, con etiqueta de figura, que le aventajaba en las preferencias. Sin saber de quién se trataba ni del estado de la negociación, Suárez solo sabía que tenía que aguardar por otras opciones, pues las Águilas parecían estar convencidas por el misterioso rival de posición que, se dijo, era sudamericano, y lucía más conveniente, en lo deportivo y en lo económico, para el plantel azulcrema.

Recuerda Claudio: "Estuve de verdad muy cerca de ir al América porque La Volpe me quería, y ya estaba todo encaminado. De repente, allá en Acapulco me cambió todo el panorama. Van y me dicen que algo salió, y que América estaba viendo a alguien más, y eso me movió todo. Yo había llegado tranquilo, porque tenía todo avanzado, y luego a medio día me dicen que ya no era un hecho, y que me moviera para encontrar algo antes de que se acabara el Draft".

Había mucho en juego. Contra las arenas del reloj, Claudio tenía que ver ahora opciones que había descartado, por sentirse cerca del nido. Fue esa una experiencia de la que debía aprender pues, en el fondo, tampoco tenía motivos para sentirse defraudado.

"No me podía enojar porque no había firmado nada, pero sí me sorprendió de ellos que ya estando muy adelantado todo, luego me salieran con que no era seguro", recuerda el zaguero.

La nueva postura de las Águilas lo dejaba en el aire. Las horas del Draft avanzaban, y el tiempo se volvía un factor. Cuando el día terminara y se diera el cierre de las mesas, no habría más oportunidad de negociar.

"Comencé, ahora sí, a revivir las ofertas de Toluca y del que saliera, porque yo quería una mejora para mí. No quería pasar otro año sin buscar lo mío. Yo quería salir. Se paró lo de América y Toluca me quería, pero no se movía de su primera oferta, y ahí estaba yo viendo qué se daba", evoca el mundialista.

En medio de la incertidumbre, ocurrió algo realmente inesperado. El Guadalajara, el acérrimo rival del América, se apuntó para la puja. Un club que no tenía en el mapa, y que era lo opuesto a su destino original, levantaba la mano por él.

Chivas también comenzaba una nueva era, y se convertía en una puerta estelar emergente para *El Emperador*. La clave para su contrato estaba en el nuevo estratega rojiblanco, Ricardo Ferretti, timonel que dejaba a los Pumas, y había puesto entre sus condiciones para tomar al Rebaño, que le contrataran como refuerzo a Suárez. *Tuca* conocía al central desde inferiores, y fincaba sobre él su armado para el torneo. Lo veía como el líder que necesitaba, algo que presumía con fundamentos, pues había compartido la cancha con Suárez por años, hasta aquel inolvidable 1991, cuando el bigotón brasileño decidió retirarse en la cumbre, anotando el gol del título para Pumas, precisamente en una final ante el América.

"De repente ahí salió lo de Chivas. Cuando me dijeron no me lo creía. Yo seguía ahí esperando, y Guadalajara se puso a pedir fuerte por mí y le entró con todo. Yo al principio no sabía qué pensar, porque todo lo había visto con América, y aparte todavía el América no me había dicho definitivamente que no. La verdad fue un poco raro, pero había que darle para adelante", dice el mexiquense, ya retirado de las canchas.

Chivas pasó de las preguntas a lanzar una oferta formal, y puso todo lo necesario para cristalizar el pase. De un fallido futuro azulcrema, Claudio vio un horizonte rojiblanco.

"Me gustó la oferta y a Pumas también. Me agradaron mucho las condiciones deportivas, y me fui para el equipo rival del que tenía en mente", concluye de ese episodio

La historia de ese Draft del 96 pareció tomar tintes de felicidad para todas las partes: América obtuvo su refuerzo de talla internacional, aún sin anunciarlo al público, y Claudio, aunque sin llegar al América, emigró con un gran contrato a las Chivas, bajo las órdenes de su tutor y maestro. El zaguero nunca había revelado la existencia de esa negociación fallida. Hasta ahora.

Ese giro del destino sería ingrediente clave en una de las más grandes humillaciones en el Clásico nacional, cuando en 1996 Chivas vapuleó a las Águilas en territorio tapatío.

UNA HUMILLACIÓN INOLVIDABLE

Llegaría el Torneo de Invierno de 1996, el primero en la era de los calendarios cortos en México. Con Claudio Suárez como refuerzo de primera línea, Chivas comenzó a tambor batiente con el Tuca como entrenador. Debutó venciendo 2-0 a Pumas, y en la fecha 2 empató sin goles con el León.

Se venía la jornada 3, y con ella el choque más esperado del país: el duelo entre Águilas y Chivas, en el estadio Jalisco.

La Clásica semana daba con todo favorito al América de La Volpe. El cuadro emplumado revirtió un debut adverso de 1-0 en la cancha del Santos, y goleó 5-1 al Morelia en la fecha 2.

Luis García, delantero estelar del Ave, había clavado cuatro tantos en el marco purépecha, y asumía temprano el liderato de goleo. Los capitalinos, con mejor plantel y un entrenador con más experiencia, según la prensa especializada, inclinaban la balanza a su favor. Las declaraciones de los expertos abundaron esa semana, y pronto cargaron el ambiente con su personalidad altiva.

Pero las Chivas tenían un plan. El sistema de La Volpe era de cemento sin fraguar. Debían aprovechar sus debilidades a como diera lugar. Con solo unas semanas de trabajo con sus jugadores, Ferretti había priorizado convertir la zaga de su nueva escuadra en el cimiento de su estructura, mientras que La Volpe, romántico del espectáculo, tenía aún en la defensa su punto débil, algo detectado desde el seno tapatío de cara al encuentro.

Para entonces se había destapado que aquel refuerzo defensivo estelar del América, por el que se descartó a Claudio Suárez, era el chileno Javier Margas, quien llegaba con cartel de figura en el seleccionado andino, y un serio prospecto para el balompié de Europa. En Guadalajara lo tenían en la mira, como una de las claves para buscar el triunfo.

"Durante la semana, en Chivas trabajamos un plan muy a lo Ferretti, que era salir jugando desde atrás, atraerlos y romper el centro de ellos, porque veíamos que aún no estaba muy coordinado. Me acuerdo que esa tarde les hicimos una especie de *torito*, y cayeron en el juego", dice Claudio, explicando la trampa que le tendieron a los emplumados.

Llegó el partido. Ese 25 de agosto de 1996 tuvo un marco inmejorable en el graderío del Coloso de la calzada Independencia.

Chivas saltó con Martín Zúñiga en la portería; Noe Zárate, Joel Sánchez, Suárez y Camilo Romero en la defensa; Alberto Coyote, Ramón Ramírez, Paulo César Chávez y Sergio Pacheco en el medio, y al frente Gabriel García y Manuel Martínez.

Águilas se plantaron con Oswaldo Sánchez en la meta; Raúl Gutiérrez, José Luis Salgado, Margas y Marco Sánchez Yacuta en la zaga; Germán Villa, Joaquín del Olmo, Rodrigo Lara, Raúl Gordillo y Kalusha Bwalya en el medio, y adelante Luis García.

El dominio de Chivas se plasmó desde el principio, atrayendo los bloques azulcremas a una lluvia de toques horizontales. Se circulaba el balón de banda a banda, para luego castigar al núcleo defensivo con latigazos rápidos y triangulaciones de primera. Así llegó el 1-0, apenas a los cuatro minutos del arranque, en una combinación rápida del *Tilón* Chávez por derecha para Pacheco, en el borde del área, y de un toque a la entrada de Ramírez, que fusiló con media vuelta de zurda.

Siguió el torito tapatío. América lucía desesperado. Era solo un gol de diferencia, pero mucha la superioridad táctica, que le impedía meterse al juego. Al minuto 14, Luis García plasmó la impotencia dejando una plancha sobre Joel Sánchez, y el árbitro Arturo Brizio le mostró la tarjeta roja directa. Se le venía la noche a los de La Volpe.

Guadalajara olió la sangre, y no perdonó. *Tilón* robó un balón a Sánchez Yacuta en el callejón del área, y metió un balón bravo que Pacheco hizo bueno con un cabezazo valiente, para colocar el 2-0 que liquidaba temprano.

El afán del América de querer salir jugando, sello del famoso lavolpismo, le costaría muy caro ese día. La estrategia de atracción de Chivas fue ejecutada con maestría. En el complemento, la zaga capitalina se la pasó corriendo contra su marco incesantemente, porque los tapatíos los tomaban mal parados, una y otra vez. Chávez recibió un centro con ventaja en el manchón penal, y colocó el 3-0 con un disparo violento.

Margas, la esperanza defensiva de ese torneo, jamás pudo ordenar a sus compañeros. Otra *melé* en el área, y Gabriel García ponía el cuarto en la frente. Del otro lado del campo, en una tarde tranquila, Claudio sonreía.

El 5-0 llegó con el mismo sello, un desorden total en la marcación de los cremas. Los tapatíos entraban de atrás con facilidad, y encontraban la meta rendida. Ramón fue esta vez el que dejó la diagonal desde la izquierda para que García firmara su doblete, y dejara la humillación en el tanteador. El proceso de La Volpe pendía de un hilo.

Vibra Claudo, cuando regresa a aquella goleada. "Esa tarde la disfrutamos muchísimo. Históricamente el América es el equipo que se le sigue considerando de dinero, de los millonetas, y Chivas el equipo del pueblo, al que siempre lo ven débil, de puros mexicanos, y en esa época fue lo mismo. América tenía como siempre grandes figuras, que ganan bien. Tenían a Oswaldo Sánchez en la portería, estaba *Potro* Gutiérrez, Joaquín del Olmo, Luis García, jugadores importantes, también los extranjeros. A partir de ahí siempre nos iban ganando... aparentemente. En ese Chivas los que más destacábamos éramos Alberto Coyote, Ramón Ramírez y un servidor, por ser seleccionados nacionales. Los demás eran muchos jugadores que estaban iniciando una carrera como Joel Sánchez, *El Tilón*, Manolo Martínez. Quedó demostrado que se le puede hacer partido a cualquier rival por grandes jugadores que tengan, si tienes un buen plan en conjunto. Ese día nosotros lo tuvimos".

La victoria aplastante se consumó, y no fue culpa de alguno en particular del América. La opinión pública se vació lo mismo en elogiar la brillantez del Guadalajara, como en destrozar la pobre demostración de las Águilas. Nadie entre las aficiones sabía entonces que semanas atrás, Claudio, el líder defensivo que el América tanto necesitó en ese partido, fue desechado y recuperado por el acérrimo rival.

LA VISITA SECRETA A LA VOLPE

La goleada de 5-0 de Chivas a Águilas en 1996 marcó rápidamente el final de la era de La Volpe en el América.

El recién iniciado proceso del argentino estaba liquidado, y terminó dos semanas después con otra derrota de 1-0 ante

Puebla, en el duelo de la fecha 5, luego de aplazar su encuentro de la jornada 4 por agendas de ambos equipos.

El colofón de la goleada del Clásico nacional tendría lugar días después en la capital del país, en la casa del bigotón, con una inesperada visita que Claudio nunca había revelado, hasta ahora.

Recuerda en conversación: "Cuando corren a La Volpe nosotros nos tuvimos que presentar justo ese día con la Selección Mexicana en la Ciudad de México, y al otro día Jorge Campos me dice: 'Vamos a visitar a La Volpe, a saludarlo'. Yo le dije: 'No, hombre, cómo crees, va a pensar que me voy a burlar de él'. No me parecía buena idea, porque acabábamos de golearlo y aparte lo corrieron de su equipo. Y me dice Jorge: 'Por eso mismo, vamos. Es buen amigo mío, para saludarlo y darle ánimos'. Me convenció finalmente, porque de todos modos, antes de ir, Jorge lo llamó y le preguntó que si yo podía ir, y La Volpe le dijo que sí, que le gustaría hablar conmigo".

Fue el lunes 9 de septiembre del 96, previo a los compromisos de eliminatoria del Tri ante Jamaica y Honduras de la fecha FIFA. En el país aún estaba presente la vapuleada que el chiverío le propinó a los aguiluchos, y Claudio tenía reservas sobre cuál sería el estado anímico del timonel, que meses antes pudo haberse convertido en su técnico en el América, a donde ahora ninguno pertenecía.

Recuerda Claudio aquella tarde: "Fuimos a su casa, y Ricardo nos recibió muy bien. Empezamos a hablar de otras cosas, pero luego salió lo del partido del 5-0. Jorge le comentó a La Volpe: 'Que te explique Claudio cómo achica la cancha', porque había influido mucho eso en el triunfo. Yo le conté del plan de ese día en el Clásico, y Ricardo solo se quedaba como pensativo. Le expliqué que achicar el campo yo lo aprendí con Menotti, y eso me quitó tensión, porque sabía que La Volpe tenía una excelente relación con Menotti. Eso lo sabía porque iba siempre a las concentraciones cuando estábamos en la Selección Mexicana. Me sorprendió que él escuchaba, y como que se lamentaba, pero ya sonreía más, como superando todo".

-¿Se tocó el tema de por qué no llegaste al América y el fichaje de Margas?

"Sí, un poco. Hablamos algo de cómo se dieron las cosas. Yo ya lo había platicado con él en Acapulco, y en su casa me volvió a decir: 'Yo te quería en América, pero hubo un problema de directivos'. Yo le volví a agradecer el interés, pero pues ya se dio el arreglo con Chivas, y ni hablar. Del 5-0 ya no tocamos tanto el tema. Pero La Volpe sí se lamentaba que cometieron muchos errores, sobre todo al querer achicar lo hacían mal, y muchas veces los agarramos mal parados, porque jugaba mucho la línea".

La historia de ese 1996 pudo ser diferente para todos, al menos en la especulación. A ciencia cierta, nunca se sabrá qué hubiera pasado si un líder como Claudio Suárez hubiera concretado su llegada a aquel América que enterró muy temprano sus ilusiones con La Volpe, en vez de un Javier Margas que salió a los pocos meses por la puerta de atrás. La imaginación es el límite.

Claudio sería campeón con Chivas un torneo más tarde, mientras que el bigotón, hasta nuestros días, sigue sin volver a probar un título de Liga MX desde aquel 1993 cuando se coronó con el Atlante.

El Emperador y La Volpe se despidieron con un abrazo fraternal tras aquella visita entre dos de los principales protagonistas de uno de los Clásicos más sonados de la historia.

El saldo de ese encuentro fue positivo, dice Suárez: "Me dio gusto que Jorge haya insistido en llevarme esa vez. Platicamos mucho de fútbol, de lo que pasó y se dio una buena charla. Ahí nació mi amistad con La Volpe, y ya después me he mantenido constantemente en contacto con él. A veces uno se pregunta qué hubiera pasado. Pero yo me quedo contento con lo que he vivido y con el recuerdo de ese partido, que fue mi primer Clásico. Y como bien dicen, fue una tarde histórica para Chivas y América. Nunca se nos va a olvidar".

CAPÍTULO 2
UNAM VS. AMÉRICA

Por Luciano Campos Garza

"¡SÍGUETE BURLANDO...!"

Misteriosa es la ruta que sigue un balón durante un partido de fútbol. Misteriosas son, también, las fuerzas que se desencadenan cuando los entrenadores dan precisas indicaciones a un jugador.

El incidente que será relatado a continuación ocurrió la tarde del 1 de abril del 2001, en el exterior del estadio Olímpico Universitario. Los aficionados de Pumas apedrearon el camión que llevaba de salida a los jugadores del América que, minutos antes, habían rescatado un angustioso empate 1-1, con un espectacular gol de chilena de Ricardo Rojas en la agonía del partido.

Sin embargo, las causas que llevaron a este episodio callejero violento se gestaron años atrás. El responsable bien pudo ser Leo Benhakker que, para entonces, el día que llovieron los riscos, ya había dejado la dirección técnica de las Águilas y continuaba su exitosa carrera en otras latitudes, muy lejos del fútbol mexicano.

Entonces, ¿de qué manera, si ya no estaba, el técnico holandés pudo haber ocasionado que los enardecidos aficionados unamitas atacaran el autobús que llevaba al conjunto americanista?

La respuesta la conoce uno que estuvo esa tarde en CU.

Vé a rematar.

Raúl Erasto Gutiérrez Jacobo, quien fue zaguero central Águilas, es un tipo de barrio que creció en la Ciudad de México. Se enamoró de la pelota jugando en la calle. Es normalista de profesión, pero futbolista de vocación. Con él se puede hablar como se habla con la banda. Conoció el estrellato, fue campeón del mundo, pero no olvida el origen. En el fútbol se le conoce como el Potro. Jugaba con una coleta de caballo que lo hacía fácilmente reconocible desde la tribuna y en la televisión.

Es puro barrio, Raúl. Conoce los aromas de la calle, y sabe desenvolverse en el llano, de donde surgió para el estrellato. De chico se le veía pateando la pelota en barrios de Coyoacán. Aunque sabe jugar rudo, hay situaciones que sí lo sorprenden, como aquel Clásico capitalino de la jornada 14 de la temporada verano 2001. Los cocolazos estuvieron feos y no los sintió dentro de la cancha, sino fuera de ella.

El Potro jugó en esta ocasión y puede explicar cómo ocurrieron los hechos que desembocaron en la memorable agresión. Aún se ve tirado en el piso, entre los asientos, mientras le caen los fragmentos de las ventanas hechas trizas.

Habla de buen humor, porque el incidente quedó únicamente como anécdota. Pero reconoce que todo el equipo pasó un buen susto. Y aclara cómo ocurrieron las carambolas del destino, para que los hechos se sucedieran así:

"Esa vez, en el juego ante Pumas, el entrenador era Alfio Basile. Tengo que aclarar que yo llegué al América como lateral, y a falta de centrales Benhakker me puso ahí. Esa es la primera parte de la historia del autobús apedreado, y te lo aclaro, porque es importante para contextualizar lo que nos pasó con Pumas", dice el futbolista mexicano, que debutó en 1988 con Atlante, equipo en el que militó hasta que fue traspasado a las Águilas, en 1995.

"Benhakker me hizo central y todos sabemos que, invariablemente, los centrales van a rematar en los tiros de esquina, cuando hay centros. Resulta que en ese América, cuando íbamos a rematar al área contraria, los que se quedaban a cuidar la defensa no eran muy atentos. En ese tiempo yo era muy rápido y tenía buena lectura de juego. Mis compañeros, atrás, eran Enrique Rodón y Luis Felipe Peña. Por eso le dije a Leo que yo me quedaba atrás a marcar, para evitar cualquier tipo de circunstancias".

"Pasó el tiempo, y las temporadas, y casi siempre yo me quedaba atrás por la rapidez, hasta que llegó Basile, que no me conocía mucho. Como me veía de central, entonces me mandó a rematar y empecé a subir así. Yo buscaba las jugadas cortas y por mi estatura y porque soy buen tiempista, casi siempre ganaba esas pelotas", dice el Potro.

El Coco Basile había llegado al América en el 2000. El equipo tenía una prolongada sequía de títulos y la directiva esperaba que el veterano argentino les llevara a la vitrina el trofeo que tanto anhelaban.

Entonces llegó el partido ante la Universidad Nacional Autónoma de México. El equipo de Televisa andaba bien. Ya tenía asegurado su sitio en la Liguilla del verano 2001. Sin embargo no podían relajarse. Siempre ha estado prohibido perder ante Pumas. Recuerda Raúl que se saboreaba estando en esos juegos. Había un dulce sabor en las victorias y, también, gran amargura en las derrotas. Además, tenía rivales a los que le daba gusto vencer. "Andaba con Pumas este cuate, el delantero Jorge Santillana. Era bien fresota. Cuando te le acercabas para marcarlo, te decía: 'Quítate, pinche feo', cuestiones así", dice riéndose de las barbaridades que solo perciben los que están en la cancha y de las que nunca se enteran los aficionados, desde la tribuna o a través de la tele.

"En los entrenamientos, antes del juego ante Pumas, Basile nos dijo que en la táctica fija subían a rematar fulano y sutano, pero que también iba Gutiérrez. 'Se mueve bien', así lo dijo, refiriéndose a mí. Y se llegó el día del partido, muy duro, por cierto", dice, recordando aquella tarde de Ciudad Universitaria en un partido que le tocó sancionar al silbante Paul Delgadillo.

Pumas se fue adelante al 13 con polémico gol de Alejandro Glaría, que aparentemente desplazó por la espalda al arquero visitante Adolfo Ríos. El Hueso despojó de la pelota al arquero y la empujó suavemente al arco desguarnecido. CU estaba enloquecido. Luego, un cohetón estalló cerca del árbitro asistente 1, quien tuvo que ser sustituido por el cuarto árbitro.

La temperatura emocional del partido subía.

Luego, al minuto 89, ocurrió la jugada que definió el partido. Raúl Gutiérrez había ingresado, de cambio, por Braulio Luna. Su compañero Víctor Santibáñez cobra un saque de banda cerca del área, que peina Luis Matador Hernández. Así lo recuerda el *Potro*: "Íbamos perdiendo 1-0 y ya en los últimos minutos, faltando nada para terminar, hay un saque de banda, voy a buscar la pelota y tengo un choque (con Mauricio Donoso, de Pumas). La pelota pasa y la mete Rojas de tijera y les empatamos en el cierre".

El gol se lo comió entero Sergio Bernal, arquero felino, que no atacó bien la pelota. Gutiérrez no puede evitar la risa, al recordar su propia reacción con el espectacular tanto salvador del chileno. "Luego de que metimos el gol, en la celebración yo quedo frente a la tribuna, del lado del palomar y me pongo a festejar con nuestra afición el empate".

La celebración de los jugadores americanistas por la sufrida igualada en el patio universitario les salió cara, como ahora ve Raúl.

"Terminó el partido, y en la salida del estacionamiento, donde se mete el camión para salir al Circuito Universitario, hay una subida muy pronunciada. Un camión tan largo, como el que nos llevaba, se tarda unos cinco minutos en salir. En esa maniobra estaba el chofer cuando llegó la porra de los Pumas y nos empezó a reventar el autobús con piedras. En ese tiempo que tardamos en subir fue cuando pasó el ataque".

"Nos tiramos al pasillo del autobús. Yo estaba en el suelo y ahí abajo escuché un grito que decía: '¡Síguete burlando, pinche Potro!'. Se me quedó muy marcado, porque el camión todavía estaba quebrado y andando, y nos seguían retando", se carcajea Gutiérrez, mientras cuenta el episodio.

Más adelante, por la avenida Insurgentes, otro coche, con más seguidores de Pumas, los seguía y los aficionados rivales continuaban hostigándolos con insultos. Dentro del camión los ánimos también se calentaron. "Incluso, ahora recuerdo, Fabián Estay quería aventarles una de las piedras que nos habían arrojado. Obviamente le dijimos: 'No manches'. No podíamos caer en lo mismo".

"Como resultado de eso, y no sé si todavía se siga haciendo, América fue después a CU en camionetas blindadas. A la temporada siguiente me tocó ir otra vez al Olímpico en una camioneta de esas, tipo suburban. Afortunadamente luego ya no hubo lesionados. Cuando nos apedrearon, por ahí alguien pudo salir con alguna cortadilla, pero no hubo consecuencias graves".

PRIMEROS AÑOS DE RIVALIDAD

Fue en la temporada de 1961/62 cuando Pumas ascendió de la segunda a la primera división del fútbol nacional. El club de la Universidad Nacional Autónoma de México (UNAM) finalmente llegaba al máximo circuito, después de ser fundado en 1954. Como una premonición de la rivalidad que escenificarían a lo largo de las siguientes décadas, fue el América el equipo que le dio la bienvenida en primera.

El duelo fue escenificado el 1 de julio de 1962, en Ciudad Universitaria, con una victoria para los azulcremas de 2-0 con tantos de Francisco Moacyr y Antonio Jasso.

Con altas Clásico Capitalino significativo se dio con un salto en el tiempo. En la temporada 1966/67, el América se mudó al recién inaugurado estadio Azteca. Fue ahí, en la que es, desde entonces, la catedral del fútbol en México, donde recibió a Pumas, que se mantenían en la división de honor. En el cotejo verificado el 18 de agosto de 1966, los locales tundieron sin clemencia a los universitarios, con tanteador de 5-1. Sin embargo, ese mismo año volvieron a encontrarse. El 1 de diciembre los Pumas cobraron justa revancha y atropellaron a los canarios con pizarra de 4-1.

La rivalidad capitalina alcanzó uno de sus puntos climáticos en la década de los ochenta, cuando lucharon por la supremacía con dos finales de Liga. En la primera, en la temporada 1984/85 tuvo que jugarse a tres duelos. Hubo dos empates en la visita recíproca. El primero fue a un gol en el Azteca y el segundo fue en CU, sin goles. En este juego ocurrió el deleznable capítulo histórico del balompié nacional conocido como Tragedia en el Túnel 29 donde, antes del cotejo, murieron 8 personas por un tumulto ocasionado por el sobrecupo.

Las muertes en la tribuna ocultaron la confusión reglamentaria que hubo al final de ese encuentro. Como en la serie había un empate, jugadores y aficionados esperaban tiempos extras y, eventualmente, penales, como había ocurrido en otras finales previas, la 1981/82, donde Tigres se impuso a Atlante, y 1982/83, cuando Puebla venció a Guadalajara. Sin embargo, para esa temporada el reglamento había sido modificado, por lo que en la serie final no contaban los goles de visitante, ni la posición en la tabla. La solución fue un tercer partido, en cancha neutral.

El 28 de mayo de 1985 se jugó el juego definitivo, en el estadio La Corregidora de Querétaro, construido para ser una sede del mundial México 86. América ganó 3-1, y obtuvo el bicampeonato, pues se había coronado en la temporada previa al derrotar a Chivas.

La suerte los llevó a disputar, otra vez, la corona de la Liga 1987/88. En la ida, los felinos ganaron en su casa con marcador de 1-0. El regreso, en el Azteca, fue para las Águilas, que ganaron 4-1, para dejar los cartones con 4-2 global. La diosa Fortuna acallaba, una vez más, el rugido de los Pumas.

La revancha vino en los albores de la década siguiente. Fue en la final de la temporada 1990/91, que se definió con el histórico golazo de Ricardo Ferretti. Finalmente, los seguidores de la UNAM podían gozar viendo su hacha de guerra tinta con sangre de los aguiluchos.

EL GOL MÁS BELLO, VISTO DESDE EL MEJOR PALCO

Roberto Medina fue un gran jugador profesional. Se le recuerda vistiendo varias casacas en su carrera como futbolista. Pero también puede ser considerado un aficionado con privilegios, pues tuvo un asiento inmejorable para ver el que es evocado como uno de los goles más bellos que se han marcado en la historia del fútbol mexicano.

Como mediocampista de Pumas, estuvo a un lado de Ricardo Ferretti aquella tarde de sábado en el estadio de Ciudad Universitaria, cuando el brasileño sacó de su poderosa derecha el obús que venció a Adrián Chávez, del América, en la vuelta de la final del torneo 1990/91.

En ese equipo dirigido por Miguel Mejía Barón, a veces él hacía las fintas para que disparara Tuca o Alberto García Aspe, dos artilleros de pierna poderosa. Otras, ellos pasaban por encima de la pelota y se la movían para que él cobrara. Pero ahora, casi dos décadas después, recuerda que, momentos antes de ejecutar el tiro y mientras colocaba la pelota, Tuca les dio una orden: "No hagan fintas. Voy directo".

Medina describe el gol como lo vio en ese instante, que queda para la eternidad: "Yo estaba detrás de él. En el cobro veo perfectamente cómo la pelota pasa por encima de la barrera. Era un rayo que se incrusta encima de la mano izquierda de Chávez. Fue un bombazo. Nos provocó una gran emoción y nos le fuimos encima al Tuca, porque era el gol que nos daba el campeonato".

EL TUCAZO

22 de junio de 1991. Estadio Olímpico Universitario. Ciudad de México.

En tres cuartos de cancha, Ricardo Ferretti recibe el balón e intenta hacer una pared con Alberto García Aspe, pero cuando busca ingresar al área para recibirlo de vuelta, es derribado por el zaguero Jesús Eduardo Córdoba. El silbante Arturo Brizio marca la falta. Transcurre el minuto 6. Tiro libre directo a favor de Pumas. Los jugadores del América intentan tibios reclamos, pero el contacto es evidente.

La pelota es colocada en los linderos del área, por ese mismo lado izquierdo. La barrera es de cuatro aguiluchos. Los tiradores que se perfilan son los sospechosos de siempre: Ferretti, que cobra con la derecha, y García Aspe, que dispara desde el otro perfil. Los dos le pegan con tubo. Suena la ocarina. El graderío en el estadio Olímpico Universitario guarda silencio. La vetusta mole de concreto deja de respirar. Tuca es el que se enfila. Como es su costumbre, corre hacia la pelota, la acomete, la ataca. Da, exactamente, cinco pasos en sprint y, por último, encaja con fuerza el pie izquierdo de apoyo, a un lado del balón, y jala el gatillo. El botín derecho empuja una vejiga de cuero, en un microsegundo, en un bólido que supera los 150 kilómetros por hora. Su velocidad es la de un relámpago arrojado por Tláloc desde el cielo. Cómplice, su compañero Juan Carlos Vera, colocado en el extremo izquierdo de la barrera, se mueve con rapidez. Se agacha, apartándose al mismo tiempo, y deja un hueco enorme, por donde pasan silbando los perdigones, buscando el ángulo superior izquierdo. El arquero Adrián Chávez, una mangosta para resortear, ha perdido un instante por la triquiñuela de Vera. Ni sus reflejos infalibles pueden salvarlo esta vez. Se lanza, dibujando su figura en el aire, mostrando el enorme número I romano que lleva en la espalda. El vuelo es magnífico. Con el guante izquierdo quiere hacer la atajada pero, esa tarde, ningún santo está disponible para hacer el milagro. No, no puede ante ese obús que le quema la punta del índice, medio y anular, y que, en un parpadeo, ya está besando el enjambre de hilos, aun antes de que su cuerpo derrotado toque el césped. ¿Quién puede superar la velocidad de un fotón? Adrián, en plena estirada, todavía suspendido en el éter, tiene tiempo para girar la cabeza y apreciar, en todo su esplendor, el prodigio de tiro que ha colocado el brasileño en la cabaña. El arquero todavía no se incorpora cuando Tuca festeja corriendo hacia la banda. Da un pequeño salto de júbilo, mientras los compañeros lo rodean, felicitándolo. Ruge el enorme puma color oro que exhibe su camiseta en la panza.

GENERACIÓN IRREPETIBLE

Al recordar ese gol, Roberto Gerardo Medina Arellano aún siente escalofríos. El partido apenas comenzaba. Hubo alivio entre los unamitas con el tanto, porque el marcador se empataba 3-3 en el global. Pero también preocupación, porque era de esperarse que América se echara encima de su puerta como un vendaval. En la ida, en el estadio Azteca, los azulcremas los habían vencido 3-2. Pero con el tanto del Tuca, en la vuelta, Pumas podía coronarse, beneficiado por haber anotado más de visitante, de acuerdo al reglamento entonces vigente. El gol cayó en el minuto 6 y todavía quedaba mucho partido por delante, entre los dos equipos de la capital del país. Y los aguiluchos tenían en el ataque jugadores de la talla de Edu, Zague, Antonio Carlos Santos y Toninho. Su estratega era el veterano uruguayo Carlos Miloc. Los locales sabían que tenían que sufrir frente a los americanistas enfurecidos y lastimados.

En el primer duelo de esa final histórica, Roberto había entrado de cambio, por instrucciones del entrenador Miguel Mejía Barón. Pero en la vuelta, estuvo de inicio. En ese duelo, el DT decidió no hacer cambios y se la jugó hasta el último segundo con el mismo once de arranque.

Los dos equipos se estaban apenas asentando en la cancha cuando Tuca entró en estado de gracia y descargó el trueno desde fuera del área. Medina dice que la maravilla de la ejecución, junto con el alarido en el coso olímpico, le inyectó al equipo una dosis de adrenalina que les duró el resto del cotejo.

"El bombazo del Tuca nos dejó con una gran motivación. Y más nos ayudó la explosión que hizo el estadio con ese gol", dice Medina quien actualmente dirige al equipo de Tigres femenil.

Pasado el festejo del gol, los unamitas se reagruparon, Lo lógico era que América los atacara en oleadas. Pero el asedio esperado no llegó en todo el partido. Los mismos locales se sorprendieron de su propia frialdad para apagar el incendio que habían provocado. Los juveniles de la UNAM le echaron hielo a la pelota y desarmaron a todos los aguiluchos que se aproximaban a la meta vigilada por Jorge Campos, el arquero unamita de extravagante atuendo, que tenía encantado a México por sus lances espectaculares y enorme carisma.

Rememora Medina: "Las mejores oportunidades las tuvimos nosotros, según recuerdo, y manejamos bien el partido. Recordemos que el América se nos viene encima pero hacia el final, faltando casi 10 minutos para terminar, y nos empieza a avasallar. Y la verdad sí terminamos un poco agobiados. Todo el partido hicimos un gran esfuerzo por ampliar el marcador, pero no pudimos".

El suspenso se mantuvo hasta la última jugada del partido. En el minuto 90, hubo un centro por la izquierda del América y un violento disparo raso de Alex Domínguez, barriéndose, que Campos engarzó milagrosamente, lanzándose a su izquierda. Brizio silbó y Pumas le ganaba, así, su primera Final al América. Era, también, su tercera corona.

Tras la conclusión se formó un tumulto en la cancha. Aficionados, jugadores y directivos pumas se arremolinaron en torno a los ganadores. Al doctor Mejía Barón se le observaba con reverencia. Había demostrado ser un estratega consumado. Sus auxiliares en esa época fueron Memo Vázquez y Hugo Hernández. Este último ha seguido a Ferretti como asistente, ahora que es entrenador de Tigres de la Universidad Autónoma de Nuevo León. En la encomienda que tiene Tuca desde el 2010, como timonel de la U nuevoleonesa, hasta esta temporada Apertura 2019, ha conquistado cinco ligas mexicanas. Su asesor en la dirección técnica es Mejía Barón.

Luego de la premiación, en el vestidor, Medina evoca vagamente algunas escenas. Dice que la intensidad del momento hace que algunos recuerdos le parezcan borrosos.

"En el vestidor recuerdo los gritos de la gente coreando Pumas, Pumas, y cómo circularon camisetas de campeones. Tuca estaba metido en su *locker room*, como pasmado, sin querer salir. No quería entrevistas, ni nada. Llamaba la atención que un jugador de tanta experiencia, que había ayudado de esa manera a conseguir el campeonato, alguien que era la gran figura del momento, no quisiera dar entrevistas", dice Medina.

El mismo mediocampista le encuentra otros significados a la anotación que, por su facturación perfecta, le dio la vuelta al mundo. Ese equipo de Pumas estaba plagado de canteranos, que se combinaron con el mismo Ferretti, un veterano que se había despedido del fútbol activo, pero que regresó en ese torneo por insistencia de Mejía Barón. En un interescuadras se necesitaba un jugador y entró Tuca, que era asistente. Lo hizo tan bien que el entrenador lo obligó a regresar a la actividad. Y así jugó una última temporada de despedida, que culminó con el zambombazo en CU. El club universitario había hecho una excepción con Tuca, porque en aquellos años existía, como política interna, en aquellos años se acostumbraba que los jugadores que dejaban la institución ya no regresaban, y Tuca se había retirado con Toluca. El otro extranjero de ese cuadro, que llegó ya hecho a la institución, era Juan Carlos Vera, de Chile.

"Fuera de esos dos, todos los demás éramos surgidos de Pumas. Cuando terminó el partido, todo el fútbol mexicano fue puesto muy en alto por ese cuadro juvenil. Se demostró que un equipo en el país, como era Pumas, con jóvenes, podía ganarle a un equipo con las mejores figuras, como era el América, que se presentaba como uno de los más grandes de ese tiempo. Por eso me quedo, de ese campeonato, con la gran campaña que hicimos. Fue un ejemplo de equipo, líder general, tratábamos muy bien la pelota, con posesión maravillosa. Éramos un conjunto siempre aguerrido, buscando el arco contrario. Logramos consolidar una gran amistad. Éramos solidarios en el esfuerzo y quedamos como un ejemplo para los jóvenes del país. Es bonito recordar que cada uno de esos chavos, al salir de Pumas, siguió aportando mucho desde cada club al que fueron. Fue una generación maravillosa, muy competitiva y con un carácter muy bien formado", evoca emocionado.

En el elenco de la Universidad Nacional Autónoma de México había chavales que hicieron todos, época: Jorge Campos, Juan de Dios Capi Ramírez Perales, Abraham Nava, Alberto García Aspe, Antonio Torres Servín, Roberto Medina, Miguel España, David Patiño y Luis García. Mejía Barón, convertido, después, en entrenador del Tri, llevó a varios de ellos al mundial de Estados Unidos 94.

En el balompié azteca se reconoce a Ferretti como un técnico gruñón. Son ya proverbiales los berrinches que hace desde la banca, en todos los equipos que ha dirigido. En los entrenamientos es estricto como un sargento. Pero todos los jugadores que han pasado bajo su férula, reconocen que es un profesor recio, justo y sabio.

Medina no esconde su admiración. Dice que, desde jugador, el brasileño demostraba un carácter férreo.

"Sin duda, Tuca siempre ha sido de una personalidad y carácter fuertes. Así como lo ves ahora como técnico, como compañero siempre fue un líder positivo para el grupo, que buscaba lo mejor para los jóvenes: Luis, Claudio, el Capi, Torres Servín, yo, los demás. Siempre se nos acercaba y nos aconsejaba, nos ayudaba, incluso, en el entrenamiento, diciéndonos cuestiones que nos ayudarían a nuestra maduración. Como compañero, claro que era muy exigente también y sí, gruñón, pero en buena lid, buscando una mejora individual y colectiva", certifica Medina.

De aquella gran tarde del *Tucazo*, Medina tiene un último recuerdo de Ferretti. Lo evoca entre risas: "Ricardo nos dio el campeonato con ese gol pero, ya en el vestidor, ni lo pelamos, porque estábamos celebrando el triunfo".

(Roberto Medina jugó en el fútbol mexicano en Pumas, Pachuca, Tecos, Monterrey, León, Puebla, Atlante y Veracruz. Como entrenador dirigió a la selección femenil mexicana en el 2010, a la femenil mayor en el Premundial 2018, y actualmente, en la temporada Apertura 2019 dirige a Tigres de la UANL femenil).

TRAGEDIA EN EL TÚNEL 29

Los aficionados de Águilas y Pumas recuerdan el 26 de mayo de 1985 como el día más triste de su rivalidad. Ya se sabe que en la cancha, en cualquier partido, los jugadores de estos dos equipos se parten el alma. Queda prohibido perder. Los aficionados igual, desde la tribuna se desgañitan, alentando a su once. Sin embargo, aquella tarde la rivalidad se diluyó y todos se unieron por la conmoción que vivieron los seguidores de los dos equipos, precisamente en un juego de Final. Ironías del fútbol: aquella fue una tarde futbolísticamente para el olvido que, paradójicamente, no se puede olvidar. Todo el fútbol mexicano se vistió de luto.

El calendario marcó, ese día, una tragedia mayúscula provocada por una mezcla irracional de irresponsabilidad de los administradores del estadio Olímpico Universitario, y de ambición criminal de revendedores.

En el mundo se dice que el fútbol es una fiesta, pero esa tarde fue ocasión para un funeral colectivo.

Se jugaba la serie final de la temporada 1984/85. Pumas y América eran, con justicia, los equipos que mejor fútbol habían exhibido en la campaña. En la ida, en el estadio Azteca, se registró un salomónico empate 1-1, con goles de Carlos Hermosillo y Alberto García Aspe.

Para la vuelta, el mítico estadio Olímpico México 68, ubicado en la capital del país, era el escenario ideal. Uno de los mayores monumentos del fútbol azteca sería la sede de la final soñada para los capitalinos.

Pero antes de que empezara el duelo ocurrió la tragedia. Las versiones son muchas y cada narrador le agrega algunos detalles que hacen más dramático el episodio. El asunto es que el estadio, con capacidad para unos 72 mil espectadores, se saturó. No había espacio para más gente. Y afuera había decenas de miles de personas con boleto en la mano. ¿Quién había permitido que ingresaran los que ocuparon los lugares de quienes se quedaron afuera? El misterio no ha sido resuelto.

Por el Túnel 29, ubicado por la cara sur del inmueble del Pedregal, los aficionados con su ticket quisieron ingresar y, de acuerdo a las crónicas de la época, derribaron una valla tubular. Se generó una estampida tremenda que ocasionó que decenas de personas quedaran atrapadas entre una multitud que no retrocedía. El saldo de la avalancha fue de ocho muertos y 70 lesionados. Entre los fallecidos había tres niños.

Las autoridades y los organizadores del operativo de vigilancia interna evidenciaron su incompetencia, pues no pudieron ordenar a una multitud que buscaba entrar al esperadísimo partido que, sin embargo, se jugó, bajo un lúgubre velo de muerte.

Ese año el país abría sus puertas al planeta entero para el Mundial de México 86. El presidente de la Federación Mexicana de Fútbol, Rafael Lebrija, habría dicho que la tragedia no le competía al organismo rector del balompié nacional y que la Copa del mundo seguía en pie.

La respuesta oficial, ante la tragedia mayúscula, fue tibia. Se habló de una investigación de la que no trascendieron resultados.

Pese a todo, ese juego de vuelta se dirimió, cómo no. Hubo un empate sin goles que envió la serie a un tercer juego de desempate, que se disputó en el recién construido estadio La Corregidora, en Querétaro. Ahí el América, que dirigía el Zurdo López, se coronó con marcador de 3-1 (4-2 global), con dos goles de Brailovski y uno más de Hermosillo. Por la UNAM descontó Ricardo Ferretti.

Se dijo que la taquilla por ese tercer juego fue entregada, íntegra, a las familias de los ocho muertos en la estampida del Túnel 29.

CORAZÓN DIVIDIDO

José de Jesús Ramírez Ruvalcaba creció con el corazón pintado de azul y oro, a lo puma. Ahí se formó desde pequeño, subió por la escalera de la cantera, hasta convertirse en prospecto, luego realidad y posteriormente campeón.

Pero, después, la fortuna lo llevó a ceñirse la camisa del América, en su faceta de técnico.

¿Cómo puede un jugador que ha vivido con intensidad explosiva el fútbol, militar en los extremos de una rivalidad tan enconada?

Luego de décadas de estar en el negocio del fútbol, Chucho Ramírez aún goza con el corazón la rivalidad de Pumas contra América. En su actual etapa, instalado como presidente deportivo del equipo de la UNAM, evoca con emoción aquella tarde lejana de 1979, en el estadio Azteca, cuando los universitarios sacaron su mejor fútbol y avasallaron a los azulcremas, que se presentaron como un equipo imbatible.

"Hubo un partido que jugamos en el Azteca, que recuerdo con mucha emoción. Fue el año en que Héctor Miguel Zelada (arquero estrella del América) llegó a México. Llegaban a ese juego con no sé cuántos partidos sin recibir gol. Recuerdo muy bien que el primer gol fue mío, a pase de Hugo Sánchez. Ganamos 3-0. Recordemos que Zelada se convertiría en uno de los arqueros más importantes del América", apunta vibrante Chucho, en la charla telefónica.

Remarca, emocionado, que tiene muy presente el momento, porque él siempre ha sido muy amigo del Pentapichichi. El Niño de Oro había hecho un recorte, y le sirvió la pelota en diagonal para que firmara la jugada, como un regalo entre camaradas.

Ramírez había debutado con Pumas, pero los movimientos del mercado de piernas lo llevaron a jugar en el Atlante en la temporada 1975/76. Luego regresó al hogar felino, donde obtuvo sus galardones como jugador.

Ha pasado mucho tiempo desde que Jesús Ramírez dejó el fútbol activo. Como director técnico, le dio a México el primer logro internacional de su historia al ganar el Campeonato Mundial Sub-17 en Perú.

Sin embargo, recuerda que los Clásicos capitalinos siempre han sido muy bravos. Desde su debut con Pumas, disfrutó el fuerte sabor de los partidos contra el América, con una rivalidad que se daba muchas veces por motivos deportivamente personales.

"Muchos jugadores a los que enfrentabas en Fuerzas Básicas luego los enfrentabas en Primera División. Ya se había formado la rivalidad, porque éramos chavos que nos habíamos enfrentado en equipos inferiores, y crecíamos jugando en contra en las divisiones en las que íbamos avanzando, hasta que nos encontrábamos en Primera División, lo que le daba a esos juegos una emoción muy particular", dice.

Recuerda que entre sus compañeros de camada estaban *Hugol* y Pablo Luna, mientras que, por América, había otros muchachos que embarnecieron y se hicieron figuras de primera como Javier Aguirre, Vinicio Bravo, Mario Trejo. Los duelos eran encarnizados por la vehemencia juvenil que derrochaban para obtener la victoria.

El campeonato le llegó pronto a Chucho. En la temporada 1975/76, bajo las órdenes de Jorge Marik, los Pumas se impusieron 1-0 en el global a la Universidad de Guadalajara. La de ese título fue una tremenda generación la de los unamitas, pues además de Ramírez, estaban por ahí Hugo, Cabinho, Muñante, Spencer, Cuéllar. Pero después de esa sonada hazaña ante UdeG, le cayó la malaria y tuvo dos dolorosos subcampeonatos consecutivos, en la 1977/78 contra Tigres y 1978/79 ante Cruz Azul.

Con el paso de los años muchos de esos contrincantes se volvieron amigos y compañeros de trabajo. Ramírez tuvo oportunidad de convivir con todos en el fútbol mexicano, debido a que durante unos 10 años estuvo involucrado como técnico en selecciones menores, hasta alcanzar el que es hasta ahora el punto más alto de su carrera, el campeonato en la Copa del Mundo de Perú Sub-17, en el 2005, en una generación de oro en la que estaban Gio Dos Santos, Carlos Vela, Efraín Juárez, Patricio Araujo, Héctor Moreno, Omar Esparza.

Después, fue llamado a pilotar temporalmente la selección mayor en la eliminatoria a Sudáfrica 2010, luego de la desafortunada incursión de Hugo Sánchez en el puesto.

Posteriormente, vino el paso al América. Su llegada al nido fue apacible. Se le aproximaron, juntos, los directivos americanistas Michelle Bauer, Yon de Luisa y Jaime Ordiales para que firmara con el club en febrero del 2009. Necesitaban urgentemente estratega, luego de la salida de Ramón Pelado Díaz.

Aunque se le ubicaba como un referente de Pumas, la afición americanista aceptó a Chucho bien. Pareciera un despropósito de los seguidores águilas renegar de la colaboración de un campeón del mundo.

"Toda la vida estuve en Pumas. Ahí crecí, debuté ahí a los 11 años. Hugo Sánchez y yo estuvimos juntos en Pumitas. Luego, ya con la mayor también debutamos y fuimos campeones. Para mí, después vino el lapso de selecciones. Ya cuando me cae la invitación del América, se vive de otra forma, con otra ideología", reflexiona sobre ese cambio de piel.

Actualmente, en esta temporada Apertura 2019, Ramírez es presidente deportivo de Pumas. Con la camisa bien puesta, puede reconocer, sin dificultad, su filia unamita. Pero tampoco le costó encontrar refugio cálido en el nido de Coapa.

"Obviamente tengo más identidad con Pumas. Le voy desde niño y hay muchas situaciones que me acercan a esa camisa. Pero estar con el América es una situación profesional a la que me llevó la vida. Y lo tienes que asumir así, como profesional. Y siento que eso funciona en todo, no solo en el fútbol. Puedes trabajar en una empresa de electrodomésticos, y si te contrata otra, te vas. Las oportunidades son parte del desarrollo y crecimiento. Eso nos sucede a todos en la vida aunque, claro, en el fútbol se ve más marcado por las ideologías tan diferentes", dice.

Su paso por el América, sin embargo, fue breve, de apenas tres temporadas en poco más de un año. Ahora, de regreso a Ciudad Universitaria, la afición le ha expresado respaldo.

"La gente ha tomado mi regreso con filosofía, porque la mayoría sabe que nací en Pumas y en este regreso no he sentido que haya ninguna molestia. Si volvemos a la historia, estuve mucho más tiempo en Pumas que en América. Pero el chip se cambia de inmediato, en automático, cuando tenemos que defender la nueva camiseta. Se adquiere un nuevo compromiso y responsabilidad, independientemente de lo que haya pasado anteriormente. Eres un profesional y te debes a la empresa que te está contratando".

"Y el cambio tiene que ser inmediato. Obviamente puede haber un cariño, pero tienes que ser congruente, porque estás trabajando con una nueva organización. Y no me cuesta nada expresar mi gran gratitud hacia el América, porque me dio una oportunidad de seguir creciendo y desarrollándome, y lo digo pensando en un equipo del tamaño de las Águilas. Y me pasó esto en cada uno de los equipos en los que estuve. Independientemente de los orígenes se impone la parte profesional y el equipo al que te debes", sentencia.

Expresa que igual ocurrió cuando se enfundó la camisa de cada uno de los otros equipos en los que militó como jugador: Atlante, Cruz Azul, Neza, Veracruz, Querétaro.

Por eso no descarta regresar al nido de las Águilas, ni ir a alguna otra organización de este fútbol o de otro, en cualquier latitud.

"Uno nunca sabe qué va a pasar. Hoy pienso que ojalá me pueda quedar mucho tiempo en Pumas, porque tengo un proyecto a largo plazo que quiero que se desarrolle. Y si me quedo aquí significa que he tenido éxito. Pero, por la naturaleza de la misma profesión, uno no sabe a dónde va a ir. Puede ser en México o fuera de aquí", dice.

Recuerda que con anterioridad ha estado a punto de dirigir clubes en el extranjero. Una vez fue llamado a dirigir la selección de Costa Rica, aunque el trato se cayó.

Desde el 2012 hasta el momento en que firmó con Pumas, había asesorado en Japón, a la Federación de Fútbol de Shizuoka, localidad ubicada al sur de Tokio, la capital. A través de la Golden Soccer Academy capacitaba a entrenadores e impartía clínicas de fútbol en los equipos de las selecciones juveniles de la zona.

Ramírez conoce perfectamente la sensación de estar en los dos clubes del siempre apasionado Clásico capitalino. Sabe con precisión que los aficionados anhelan, en cada uno de esos duelos, que su equipo devore al oponente. A él le gusta que exista esa rivalidad, pero deplora que se desborde. Por eso, su último mensaje es para que los seguidores de los dos equipos vivan la fiesta en paz.

"Es muy padre vivir la pasión por los colores, y alentar para que el equipo de uno gane. Pero no comparto que haya una agresión, una falta de respeto, que alguien resulte dañado. Podemos no estar de acuerdo, no irle al mismo equipo pero tenemos que estar conscientes de que ya hay mucha violencia en la calle, como para añadirle más en los estadios. Como que no está bien. Si la gente es respetuosa, no pasa nada. A mí me gusta muchísimo ver en nuestros estadios a las aficiones de diferentes equipos sentadas juntas. Viví en Argentina tres años y es imposible que un jugador, seguidor o familia que siga a Boca Juniors se junte con uno de River Plate. Allá es bien complicado convivir y aquí vemos que se puede uno sentar en el estadio al lado de un rival y no pasa nada. La convivencia sana habla de educación y cultura. Ojalá que sigamos así, sin que haya incidentes. Porque, a fin de cuentas, no pasa nada estar con alguien que no está de acuerdo con mis colores", dice Ramírez, quien conoce muy bien el balompié pampero, después de haber trabajado en la organización xeneixe.

También, en Argentina, hizo su curso como entrenador.

CLÁSICO MALDITO

Rubén Omar Romano Cachía llegó al América para jugar en la temporada 1980/81. En ese entonces era un pibe de 21 añitos que, sin embargo, había llamado la atención en el balompié de Argentina, enfundado en la casaca del Huracán. Desde joven pintaba para crack. Ahora recuerda que fue a causa de la novatez, que su estancia en los cremas fue breve y terminó muy mal.

"Fue por juventud, inexperiencia. La juventud a uno a veces lo hace cometer errores", dice al recordar el episodio que marcó para siempre su carrera como futbolista profesional. Fue un día infausto, en el que se cruzó en su camino Pumas. Aquel incidente ocurrió, precisamente, durante un Clásico capitalino, que Rubén Omar tiene bien presente en su memoria.

Tenía talento el zurdo de cabello largo, que movía de lo lindo la pelota, armando el juego para el ataque. Y además, tenía un gran toque y una poderosa pegada de media distancia. En la cancha, Rubén Omar se destacaba de inmediato. La afición mexicana identificó su calidad y aplaudió su llegada al circuito, aunque fuera con el América, el equipo odiado y amado en partes iguales.

Para su llegada al balompié azteca, se combinaron algunos factores afortunados. Al equipo en el que desembarcaba durante muchos años se le conoció como los Millonetas o los Chicos de la Tele. El club, desde aquel tiempo, pertenecía a Televisa, el poderoso consorcio de telecomunicaciones hispanoparlante que se daba el lujo de abrir la chequera para firmar a los jugadores disponibles. Algunos años antes, el equipo capitalino había contratado al astro brasileño José Dirceu Guimaraes, que brilló con la *canarinha* en el Mundial de Argentina 78. Pero la contratación fue un fiasco. Fue penoso el paso de la figura por México. "Les doy balones y me devuelven sandías", dijo entonces el centrocampista, refiriéndose a la escasa técnica de sus compañeros en los entonces llamados Canarios. No hizo más que acuñar esa ingeniosa frase célebre Dirceu en su breve paso por el país, antes de continuar su exitosa carrera en Europa.

América necesitaba llenar el hueco que había dejado el internacional zurdo. Al entrenador José Antonio Roca le urgía encontrar un 10, un armador de ataques que hiciera jugar, arriba, a Gamboa y Aguirre. Entonces, entró en acción Francisco Hernández Pineda, reconocido como uno de los directivos más eficientes en la historia del club. Era un experto cazador de talentos. Fue él quien había importado al chileno Carlos

Reinoso, que se convertiría en uno de los más venerados santones del americanismo. Panchito apuntó el ojo hacia el Cono Sur y observó al muchacho que tenía madera de crack, y que en ese tiempo estaba enrolado en El Globo. Sin mucha ceremonia fue por Romano y se lo trajo.

El chico no tardó en adaptarse al balompié mexicano. De inmediato llamó la atención en el circuito por su refinada forma de conducir la esférica y cederla con ventaja. Y, claro, tenía muy buena pegada.

En esa temporada el América no andaba del todo bien, pero Rubén Omar hacía su esfuerzo.

Hasta que llegó el duelo ante Pumas. No existen registros estadísticos públicos sobre ese partido. Tampoco hay memoria audiovisual del duelo. Pero Romano lo recuerda bastante bien, porque esa tarde terminó su estancia con el equipo.

"No se me olvida, porque fue prácticamente la salida mía del América. Ganábamos 2-0. Yo siento que estaba jugando muy bien y de repente salgo de cambio. Pero por la juventud dije de todo al técnico Roca y la cámara de la televisión me enfocó. Y a partir de ahí me sacaron del plantel", explica con resignación el ahora entrenador. Ni siquiera recuerda quién entró por él.

Tal vez por el mal sabor que le dejó, no recuerda muchos detalles sobre el juego. Hubo dos Clásicos capitalinos en esa temporada larga 1980/81, que duraba un año, con visitas recíprocas. En la Jornada 8, el 13 de diciembre de 1980, fue el Clásico capitalino de la primera vuelta, que se jugó en Ciudad Universitaria. De acuerdo a una nota de *Excélsior*, América iba adelante en el partido, con anotaciones de Roberto Díaz y Javier Aguirre. Aún con ventaja, Juan Antonio Luna ingresó al minuto 57 por Romano. Luego el partido se le escapó a Roca, pues al 82 acortó por Pumas Luis Flores, y al 89 Ferretti puso el pizarrón definitivo 2-2. Probablemente ese partido haya sido el de su mala estrella.

El exabrupto le reportó consecuencias deportivamente fatales. El entrenador lo castigó. Días después, el bonaerense fue enviado a entrenar con las reservas.

"Roca por supuesto que no me explicó nada. Solo me envió al vestidor, pero la tele me enfocó, se vio lo que le dije, y ahí viene el castigo", dice el centrocampista que, con este vuelco del destino, inició un largo peregrinar por equipos a lo largo de su carrera.

Pero de inmediato fue rescatado.

Enrique Borja, gloria del americanismo, lo jaló para que jugara en el balompié de Estados Unidos, que para entonces se encontraba en desarrollo. Borjita era presidente de los Aztecas de Los Ángeles y allá fue a parar el rebelde Romano. Seis meses anduvo en la liga estadounidense, de la que regresó para enrolarse con el León. De inmediato deslumbró, otra vez, al balompié mexicano. Estuvo un par de años con La Fiera y pasó al Necaxa, y luego al Puebla. Después de los camoteros, regresó a su país con el San Lorenzo de Almagro, donde en 1986 obtuvo su único título de liga en clubes.

De vuelta, también demostró su clase en Atlante, Querétaro, Cruz Azul y Veracruz.

Se ciñó camisetas de cuatro equipos de la capital y cuatro de provincia.

Con los azulcremas, había enseñado un enorme potencial. Cuando fue echado, siente que explotó y vivió su época más productiva como futbolista. "No es por nada, pero cuando salí del América, siento que después jugué mucho mejor. Me sentí muy bien jugando en León y después también cuando tuve un paso por Atlante, que me gustó mucho, igual con Puebla, Querétaro y Necaxa. Siempre fui muy regular en toda mi carrera", reflexiona.

Aunque anduvo en todos estos equipos, el América no lo soltó. Administrativamente seguía unido al club. Rubén cuenta que durante ocho años jugó en calidad de préstamo, pues su carta le pertenecía a los canarios. Se liberó hasta que fue vendido al Atlante, junto con Héctor Miguel Zelada, en la temporada 1988/89.

Se retiró con los Potros de Hierro en 1995 y se convirtió en auxiliar del técnico Ricardo Antonio La Volpe. Luego se convirtió en entrenador.

Como timonel, reconocido como lavolpista, ha pasado por varios equipos. Y tuvo una muy breve etapa de dos meses con América, en el 2008. El equipo no carburó. Salió el presidente Guillermo Cañedo White, que lo había contratado, y él renunció.

Ahora toma como un aprendizaje aquel nefasto episodio de americanista jugando contra Pumas, en el que salió del equipo por cabeza dura.

"Con el tiempo uno aprende mucho más de cómo está eso de la calentura de un jugador. Ya lo entiendo. Ya como entrenador me ha pasado eso, con algunos de los muchachos que he dirigido y me pongo en su lugar. Veo lo que me pasó a mí y trato de entenderlo, dialogando, haciéndole entender cómo es esto. Pero ya no tomo decisiones tan drásticas como aquellas", dice.

GOLEAR AL AMÉRICA, LA MEJOR VITAMINA PARA UN PUMA

La voluntad de Jerry Galindo es inquebrantable. Fue diagnosticado con cáncer de laringe en el 2013 y pudo ganar la batalla a la enfermedad terrible. Detectó el padecimiento apenas se había retirado como futbolista. Como resultado del tratamiento y las curaciones, ahora habla con voz débil. Su entonación es apasionada, aunque el timbre ha disminuido algunos decibeles. Sin embargo es un tipo afortunado, porque este imprevisto en su vida no le ha impedido disfrutar del fútbol, su gran pasión.

Fueron Joaquín Beltrán, director deportivo de Gallos Blancos de Querétaro y el entrenador Jaime Lozano, los que llamaron en el 2015 a Galindo para que se sumara a la plantilla como auxiliar técnico. Los tres habían sido compañeros en Pumas. El Capi y Jimmy conocían la capacidad, la experiencia y el potencial de Jerry, férreo mediocampista, y lo sumaron a la plantilla, pese a su padecimiento. En una posición tan demandante, donde se deben dar órdenes e indicaciones, Jerry se adaptó con un aparato, en forma de diadema, que le potencia la voz. Sube o baja el volumen a voluntad y puede, fácilmente, hacerse oír de una portería a otra.

Luego de esta experiencia en el banquillo, el directivo de la UNAM, Leandro Augusto, con quien también lleva una hermandad futbolística universitaria, lo llamó para que se integrara al cuerpo técnico de Pumas, encargado de las fuerzas inferiores.

Y ahí está Gerardo Gabriel Galindo Martínez, en este 2019, transmitiendo experiencias y conocimientos. Busca revivir la cantera del club que alguna vez fue reconocida por haber sacado camadas de exitosos elementos, él incluido. Su condición no le ha impedido desempeñarse en el puesto. A lo largo de estos años se ha topado únicamente con jugadores comprensivos y respetuosos. Antes de iniciar sus encomiendas, en los equipos en los que ha trabajado, les explica directamente a ellos qué ocurre con su voz, y cómo da las órdenes. Los chavos entienden y colaboran.

Por eso Jerry se escucha bien. Tiene mucha confianza en el ímpetu y el entusiasmo. Siempre habla con optimismo.

Y siempre ha creído en la fuerza de la fe, en la potencia que le proporciona la actitud positiva. Lo comprobó en el terreno de juego. Para toda esa generación dorada de Pumas, el año 2004 resulta inolvidable. Como entrenador, Hugo Sánchez los hizo campeones, en serie de penales, en el Clausura de ese año ante Chivas.

Pero en el siguiente torneo, el Apertura, nada pintaba bien.

Recuerda el morelense que el equipo venía a la baja, tal vez padeciendo campeonitis. UNAM necesitaba un revulsivo, electroshocks para resucitar. Y se llegó el Clásico capitalino en la jornada 10, el 17 de octubre. Para esa temporada se había desvanecido el hombre gol de las fieras defeñas. Bruno Marioni, campeón de goleo del torneo pasado, se había ido.

El ahora entrenador de los pumas juveniles evoca los apuros que pasaron en el arranque de esa Liga. "Luego de coronarnos ante Chivas, Pumas enfrentamos el siguiente torneo con algunas bajas y cambios que nos afectaron, Tuvimos un inicio incierto, no encontrábamos el nivel ni la regularidad del torneo anterior. Había muchas lesiones, ausencias".

Y justo en esos días de dudas llegó el partido contra Águilas y todos recordaron la vieja divisa que les enseñaron sus mayores, en la escuela de Pumas: prohibido perder ante el América.

"Necesitábamos ese juego para repuntar y sabíamos que en los partidos que nos restaban podíamos entrar de nueva cuenta a la liguilla. Recuerdo mucho ese partido, porque fue en el estadio Azteca. Y se nos dio todo porque el equipo cambió de actitud y de funcionamiento. Todo nos salió muy bien", vibra Galindo al evocar aquella epopeya.

Los jugadores constataron, también, que la mejor vitamina anímica para los universitarios es vencer a los aguiluchos.

Alinearon los cuatro amigos: Galindo, Leandro, Beltrán, Lozano. Por ahí andaban también Kikín Fonseca, Sergio Bernal, Darío Verón, entre otros.

La tarde fue redonda. Pumas comenzó presionando al América, que se esmeraba por llegar con el Piojo López, que desbordaba y se movía por los dos costados, respaldado por Chuy Mendoza y Djalminha.

Botero adelantó a la UNAM en el minuto 24 al bombear el balón, que le cayó botando, a la salida de Guillermo Ochoa, que no pudo hacer nada para evitar el 1-0. Los visitantes presionaban, Ailton no dejaba de bombardear el área de Ochoa. El asedio rindió dividendos de nuevo, al minuto 30. Un centro a media altura, de rutina, provocó que, dentro del área chica, Ochoa y Duilio Davino chocaran, y empujaran el balón a las redes. Al 32, fue sentenciado el cotejo. Kikín hizo un desborde de lujo por la derecha y centró raso y retrasado. Botero extendió con el talón, e Ismael Íñiguez firmó con fuerza, fusilando a Memo.

"Teníamos mucho tiempo sin ganar en el Azteca ante el América, y el resultado nos dio mucha motivación y seguridad en lo que queríamos. Nos metimos en una buena racha y así entramos a la liguilla", dice.

La victoria de ese domingo en la catedral del fútbol mexicano le dio oxígeno suficiente a Pumas para cerrar con fuerza la temporada regular. Llegó de panzazo a la liguilla. Terminó en noveno general, pero se coló por el bendito sistema de grupos, que lo hizo quedar en segundo del suyo.

Como calificado último enfrentó al líder Veracruz y lo eliminó. Luego dio cuenta del Atlas, y en la final ante Rayados, se impuso categóricamente. Fue un resultado de 2-1 en el estadio Olímpico, y en la vuelta, en el desaparecido Estadio Tecnológico, se impusieron 1-0 con gol de Francisco Fonseca. El episodio se conoce como el *Kikinazo*.

En esa campaña Pumas se coronó por un acto de fe, que se materializó con una goleada a las Águilas.

FURIA JUVENIL

En este 2019, Jerry Galindo pasa los días con las Fuerzas Básicas de Pumas. Fue nombrado entrenador de los cadetes por invitación de su amigo Leandro Augusto, que trabaja como director deportivo del club universitario. Mientras observa cómo se desenvuelve la cantera, no puede dejar de pensar en sus años juveniles, cuando él mismo era un chaval de los equipos inferiores del conjunto felino.

Los muchachos de la sub-15 disputan los balones con vehemencia novilleril, como él lo hizo antes de brillar con el primer equipo, con el que gozó el bicampeonato del máximo circuito. En categorías inferiores todos quieren agradar a los entrenadores, con la esperanza de debutar algún día. Galindo Martínez, actualmente de 41 años, recuerda aquellos días, a principios de los 90, cuando también entrenó en el área juvenil del conjunto unamita, junto con otros jugadores que luego saltaron, como él, al elenco del primer equipo.

Y constata lo que los aficionados pumas suponen: desde que se abraza la bandera del club universitario se sabe que está vedado sucumbir ante las Águilas. Puedes ser derrotado por el que sea, pero no por el equipo de Televisa, porque el desdoro es mayúsculo.

"Desde que estaba chavo y jugaba con Pumas, en Fuerzas Básicas nos decían: prohibido perder con el América. Desde entonces los duelos con estos rivales se disputan con intensidad excepcional", recuerda Gerardo Gabriel, a quien el fútbol mexicano recuerda como Jerry.

Integrante del magnífico plantel que protagonizó la más reciente época dorada del equipo de la Universidad Nacional Autónoma de México, con el bicampeonato en los torneos Clausura y Apertura 2004, Galindo recuerda aquella vez en que la pasión se desbordó en un Clásico capitalino, pero de la categoría Sub-16.

Con el tiempo, los años difuminan los recuerdos, como hace el viento con las huellas en la arena. Esta historia debió haber ocurrido en 1994, en las canchas del Seminario Menor de Acoxpa, en el Distrito Federal, hoy CDMX. Ahí era la casa de los Pumas menores. Jerry no precisa la fecha, pero sí los hechos, que le constan porque él los vivió, y los comenta en entrevista.

En esa ocasión el director técnico era José Luis Pareja López. Era una tardeada de mucha rispidez contra los chavos del América, un juego trabadísimo donde el balón se disputaba hasta con los dientes. El ímpetu hace que los prospectos metan siempre la pierna fuerte, en esos niveles de formación. El once de los felinos era un trabuco adolescente. Pero el América también traía chicos que ya se perfilaban como estrellas.

"El equipo en el que yo participaba ya contaba con algunos jugadores como Horacio Sánchez, Ignacio Flores hijo, Christian Ramírez, creo que Parejita López también andaba por ahí. Por América ya estaban Ignacio Hierro y Alberto Becerra, de los que recuerdo. El juego era muy ríspido, de mucha intensidad, como siempre son en Fuerzas Básicas. Como te digo, lo que nos inculcan desde chicos es que esos juegos contra el América son un Clásico y no puedes perder", dice.

Galindo revive ese juego como si lo estuviera viendo. Nacho Hierro tenía una pierna de ídem. El juego agonizaba con un empate. El zaguero americanista cometió una falta, que el árbitro sancionó con tarjeta roja directa. Y ahí fue como empezó aquel desgarriate.

"Cuando salía de la cancha expulsado, Nacho se fue insultando a los que estaban en la banca y nuestros compañeros no aguantaron. Y las bancas se vaciaron y nos enfrascamos en una batalla campal de jugadores, y también se metieron los papás. Le entraron los cuerpos técnicos y toda la gente que estaba ahí también participó en la riña. Eso terminó muy mal. El partido se suspendió, por supuesto. Los papás se violentaron y también agredieron a los jugadores. Y también se dieron entre los papás. Mi papá sí estuvo en la bola, pero estuvo separando, como lo hicieron también algunos otros papás. Siempre en cada partido, cada balón dividido, cada jugada, cada minuto, en cada jugada uno se juega la vida en esos partidos de Pumas contra América, y eso es lo que aprendemos mucho en esta institución. Se nos inculca el amor por la institución y el orgullo deportivo", dice pundonoroso.

Años después, los mismos compañeros futbolistas, que alguna vez fueron rivales, socializan, se reúnen y evocan. Ahora se ríen de esas anécdotas, como la de ese intercambio de moquetes. "Lo que decimos ahora es que ese día algunos corrieron para otro lado y no se enfrentaron a los golpes. Pero ya fuera de broma, en ese tiempo en Básicas, Pumas estaba disputando siempre los primeros lugares con el América y ahí lo que quieres demostrar es que eres mejor que ellos. Afortunadamente nos tocó, prácticamente en todas las categorías, ser campeones".

ESTRENOS CLONADOS

Hugo Sánchez Márquez anotó su primer gol como profesional, enfundado en la camiseta de la Universidad Nacional Autónoma de México, en el estadio Azteca. Fue el 27 de marzo de 1977. El tanto fue un soberbio zurdazo de tiro libre, en la portería sur. Así inició su largo recorrido con los universitarios, equipo con el que anotó 102 veces y del que salió para conquistar el estrellato internacional en España, principalmente en el Real Madrid.

Poco más de veinte años después, el 31 de enero de 1998, en la jornada 6 del torneo de verano de ese año, su sobrino Horacio Sánchez Aguirre debutó con Pumas contra el América: también anotó gol y en la misma portería.

Horacio recuerda ese momento como si fuera ayer.

"En mi debut contra las Águilas también marqué, igual que mi tío Hugo, en la misma portería y con el mismo uniforme blanco. Fue como si cobrara venganza. Estaba chavo, jugando contra el América, y también anotó gol y en la misma portería del Azteca. Era mi primer partido y marqué el tercero del 3-1 definitivo. Imagínate", dice saboreando aún el tanto que le metió a Hugo Pineda, que guardaba el arco americanista.

Fue un Clásico capitalino intenso. Al minuto 11. Pumas se adelantó con remate de cabeza de De Moura, que conectó directamente un saque de banda largo al área. Al 37, Jorge Campos no pudo controlar un centro de rutina, se enmantequilló con el balón, lo soltó y Duilio Davino lo empujó a la red, para igualar los cartones. Braulio Luna puso adelante a los visitantes con un zurdazo desde fuera del área, imposible para Pineda.

Luego, al minuto 75 ocurrió la coronación del debut. Horacio Sánchez hijo había ingresado a la cancha con el número 49 en la espalda, como otra promesa de la UNAM. Fue el director técnico Enrique López Zarza el que le dio la oportunidad. Ingresó por Braulio.

El chaval flacucho de inmediato se metió al juego y no desaprovechó la oportunidad que le brindaron los dioses del fútbol. Recibió por el centro un pase filtrado de De Moura y cuando entraba al área, sobre la carrera y entre dos zagueros, disparó con fuerza de derecha, debajo de Pineda. El balón besó la red.

Horacio corrió loco de alegría. Para emular a su tío echó una marometa de espalda y, en el festejo, fue derribado por sus compañeros. Todo el equipo le cayó encima. Jorge Campos con su estrafalario uniforme anaranjado, corrió desde su meta hasta el otro lado del campo, para unirse a la celebración y fue el último que cayó sobre la bolita de compañeros, en el césped.

Debutar y anotar al América en el Azteca fue uno de sus sueños cumplidos.

En el 2019, Horacio trabaja como subdirector de Deportes en la alcaldía de la delegación Álvaro Obregón, en la Ciudad de México. Se está preparando para ser, algún día, directivo de Pumas. Cumpliría así otro de esos sueños caros.

SALVADO POR UNA MICCIÓN

Jesús Mendoza puede considerarse un tipo con buena estrella. En los clubes con los que más brilló, América y Monterrey, fue campeón de Liga. Con Águilas estuvo en dos etapas y en las dos se colgó el gallardete. Pero, además, es de los pocos jugadores que ha participado en los cinco Clásicos del fútbol mexicano: como americanista jugó contra Pumas, Cruz Azul y Guadalajara; en su paso por Chivas se midió con el Atlas, y como rayado enfrentó a Tigres.

Pero también fuera de la cancha ha sido favorecido por la Divina Providencia. El nacido en Lagos de Moreno, Jalisco, estuvo en ese juego cardiaco, en el que América obtuvo un empate agónico contra Pumas en CU. Fue el juego aquel en el que les apedrearon el autobús, como bien lo recuerda, también, *El Potro Gutiérrez*. El marcador 1-1 tuvo sabor a triunfo para los de Coapa. Fue el Clásico Capitalino de la jornada 14 de la temporada verano 2001. El empate que marcó el chileno Rojas, colgado del reloj, hizo que el estadio Olímpico se convirtiera en un volcán de frustración. Y para acabarla, Gutiérrez, de puro malora, fue a burlarse de la banda puma, que le mentaba la madre desde el Palomar.

Al salir, el equipo fue emboscado. El camión en el que viajaba el América fue maltratado por proyectiles de los hinchas universitarios, que rabiosamente les reclamaban la mofa, y también el empate.

Mendoza da su versión de los hechos... como se los contaron.

"Sí recuerdo ese juego. No se me olvida. Es más, a raíz de ese incidente, después se instituyó en el América ir a Ciudad Universitaria en camionetas blindadas. Esa vez, cuando el partido terminó, después de bañarse el equipo se fue en el camión y salió por Insurgentes. La porra de Pumas estaba esperando el camión y lo apedrearon, rompieron todos los vidrios. Se pusieron enfrente del camión, para no dejarlo pasar. El chofer avanzó y avanzó, echándoles el camión, auténticamente, hasta que pudo salir", dice.

Pero ese recuerdo, aclara, es de lo que le contaron, porque él no subió al autobús por una casualidad salvadora. Tuvo que ir a orinar y por eso el equipo se fue sin él. Explica Chuy la singular coincidencia: "Lo que es la casualidad. En ese partido me tocó hacer la prueba del doping. El juego ya había terminado y el doctor del equipo, que me asistió, me avisó que los compañeros ya se iban. No me podían esperar. Me dijo que, por eso, me iría con él en su coche. Y yo pensé: bueno, que se vayan".

"Entonces me fui con el doctor y nos reunimos más adelante. Nosotros llegamos primero y veo el camión con los vidrios todos rotos. El autobús también estaba calientísimo del motor, yo creo porque el chofer lo forzó. Y me platican todos qué fue lo que pasó. Me salvé por el doping".

"SÍ ERA PENAL..."

José de Jesús Mendoza Magaña entiende muy bien el encono deportivo que hay entre los equipos que participan en el Clásico Capitalino. "Cuando estaba con el América siempre fueron juegos bien trabados, contra Pumas, muy complicados. Si observas, la mayoría no son juegos abiertos, no hay un claro ganador, en lo que a mí me tocó. Había marcadores grandes de 4-3, por ejemplo, pero también hay muchos empates o victorias de uno o dos goles de diferencia".

Recuerda, en particular, el juego de vuelta de la semifinal del Torneo verano 2002, celebrado el 18 de mayo en Ciudad Universitaria. En la ida, tres días antes, en el Azteca, el duelo terminó sin goles. Todo se definiría en casa de los auriazules.

Hugo Sánchez, entrenador de Pumas, nunca le perdonó a Chuy la jugada decisiva del partido.

Primero, al minuto 7, Miguel España desvió un centro de Pavel Pardo hacia su propia portería y abrió el marcador a favor de los aguiluchos. Antes de que terminara el primer tiempo, al minuto 43, por la UNAM Víctor Muller emparejó los cartones. Jerry Galindo le puso un centro templado por derecha y el Carucha se estiró para rematar con la frente ante una salida mala de Adolfo Ríos. Con el tanto, los universitarios eliminaban al América, por mejor posición en la tabla.

Para el complemento, al minuto 67 Cristian Patiño recibió un pase filtrado que firmó empujando con la parte interna, para marcar el segundo para las Águilas. La situación se había revertido. Los universitarios estaban contra la pared.

El juego agonizaba. El entrenador americanista Manuel La Puente le había pedido a Chuy que volanteara por la izquierda, con trabajo de ida y vuelta, para conservar el marcador. Y así andaba, haciendo la milla entre área y área. En eso estaba cuando ocurrió la jugada de la polémica. En un contraataque, recibe Muller en la media luna del área de los visitantes. José Luis Parejita López venía entrando como tren y enfilaba solo hacia puerta. Carucha se la tocó suave y con ventaja. Mendoza venía persiguiendo al Parejita y ya solo le veía el número 11 en la espalda. El atacante de Pumas escapaba y se preparaba a disparar. Chuy ya se venía cayendo y con la inercia le da un recargón por atrás. López cae hacia adelante, sin haber podido controlar la pelota. El árbitro Gilberto Alcalá se traga el silbato y no sanciona el penal que, de haber sido anotado, sepultaba las aspiraciones de los muchachos de Televisa.

Hugol, en el timón de los universitarios, hizo un tremendo berrinche por la falta que no se marcó. Corrió a la banca y se sentó tapándose la boca, seguramente echando pestes, tal vez contra el juez central, tal vez contra Mendoza.

América se llevó ese partido con pizarra de 2-1, y eliminó a Pumas a domicilio.

Con la victoria América regresaba a una Final de Liga. Conquistó el campeonato ante Necaxa. Los emplumados rompieron, así, el ayuno de títulos, que les había durado 13 años.

Han pasado 17 años de aquella jugada. Mendoza ya se retiró del fútbol profesional y actualmente trabaja como director de Deportes en el Ayuntamiento de su natal Lagos de Moreno. Pero reconoce que la controversia sigue viva. Describe así el momento:

"Tuve la jugada polémica con el Parejita. Chocamos en el área y no marcaron penal. Pero estaba muy dudosa la jugada. El árbitro pudo haberla marcado tranquilamente. Fue en el área nuestra. Me había ganado la espalda, pero me alcanzo a recuperar. Voy por el balón y chocamos. Caemos los dos, pero si el árbitro hubiera querido hubiera decretado el penal. Era el empate del partido y con ese gol hubiera pasado Pumas".

"Cuando terminó el juego liberamos todo. Nos fuimos a celebrar frente al área donde estaba la gente del América. En el tiempo que estuve con el equipo, esa semifinal y la celebración posterior fueron de los momentos más emotivos que me tocaron. Pero si me preguntas ahora te diré que no era penal. Según yo, no. Fue un choque. *Parejita* se me mete adelante y en ese momento yo sentí que se me puso enfrente, me chocó y se tiró. La quiso vender, pero el árbitro estaba cerca y dijo que era un choque normal, así que vámonos y juéguela. Además, como me había ganado la posición, si hubiera seguido con la jugada, hubiera tenido chance de marcar el gol. Pero prefirió chocar y tirarse", explica Mendoza, quien todavía se emociona recordando esa victoria sufrida.

El golpe anímico fue terrible para Pumas, dice. Estuvieron a nada de llegar a la Final y no pudieron.

Hugo Sánchez no se lo perdonó.

"Después de ese torneo, la selección mexicana jugaba el Mundial de Japón-Korea. A mí me invitaron a un programa de análisis que se hacía con motivo del Mundial y me encontré a Hugo Sánchez, que me reclamó. Lo primero que me dijo fue: 'Sí era penal'. Todavía seguía enojado por esa jugada. Ya después bromeamos sobre lo mismo, pero ese juego sí despertó muchas emociones. Fue muy bueno ese torneo para el América, que llevaba más de una década sin ser campeón. Se nos estaba acumulando la presión y la andábamos cruzazuleando. Volver a llegar a una Final era muy importante para el club y para los aficionados y después el equipo salió campeón y todo fue felicidad, pero la sufrimos bastante", dice.

FURIA JUVENIL II

Horacio Sánchez Aguirre jugó para Pumas en la década de los noventa. Su padre, Horacio Sánchez Márquez, fue el arquero en el primer campeonato que conquistó la UNAM en su historia, en la Liga 1976-1977. Casualmente, en esa temporada debutó también con los felinos *Hugol*, el más ilustre de los futbolistas Sánchez.

Actualmente Horacio hijo está retirado del balompié profesional. Participa en algunos partidos de exhibición de antiguas glorias de la UNAM y se divierte reencontrándose con sus ex compañeros.

Surgió de la cantera de Pumas. Por eso afirma que, en nivel de Fuerzas Básicas, el superclásico siempre ha sido el América-UNAM. Ni siquiera el juego de las Águilas contra las Chivas, que en su versión del máximo circuito es el Clásico nacional, tiene tanta efervescencia a nivel juvenil como el de los dos equipos de la capital.

"Los piques entre América y Pumas siempre han sido desde niños. La afición está acostumbrada a decir que el gran Clásico es el América contra Guadalajara, por la popularidad de los dos equipos y por la gente que los sigue. Pero, en realidad, deportivamente, el Clásico que se vive con más intensidad desde niños es Pumas-Águilas, porque siempre nos enfrentábamos en las finales".

"Nosotros difícilmente nos encontrábamos en juego por el campeonato con Guadalajara. Y ya no digamos América-Chivas, porque en esa instancia casi no se da, no existe eso en Fuerzas Básicas. Los clásicos infantiles se ponen calientes entre América y Pumas porque, como te digo, desde niños el rival a vencer siempre es el América. Ni nosotros, ni el América se han enfrentado, jamás, en una final en esa instancia con Chivas, hasta donde recuerdo. Esos duelos se dan solamente en primera división", dice en charla telefónica Horacio.

Él estuvo en aquella bronca campal juvenil, que tan bien recuerda Jerry Galindo, que en aquel tiempo era su compañero unamita. Coincidentemente, en el lado del América estaba también, tirando moquetes, el arquero Alberto Becerra, quien es su cuatacho, porque juegan juntos en esos partidos de exhibición de veteranos de los dos equipos.

Larga la carcajada Horacio cuando recuerda ese partido de la bronca juvenil.

"Cómo no me voy a acordar. El que empezó fue *Nacho* Hierro. Estaba dando muchas patadas. Cometía falta y otra y otra. Hasta que ocurrió una, a un delantero de nosotros que se llamaba Enrique Fuentes, que no era tan dura, pero que hizo que se armara la campal. Todos andábamos bien calientes y nos empezamos a dar todos contra todos. Era pegar y correr, mano. Yo andaba bien enchilado con Hierro, porque como yo jugaba de espaldas a la portería, cuando recibía la pelota, me daba la patada y así varias veces. Fue una gran pelea. Hasta se me metieron los papás. La verdad es que fue un buen Clásico", vuelve a carcajearse Sánchez, divertido por el recuerdo.

Y aclara que él tiene el récord goleador histórico en Fuerzas Básicas de Pumas. No tiene el dato de cuántas veces anotó, pero un directivo le dijo que ningún joven había anotado tanto como él, en esa etapa.

2018: DULCE PARA AMÉRICA Y SALADO PARA PUMAS

América y UNAM recordarán para siempre el 2018, aunque por razones diametralmente opuestas.

Las Águilas evocarán con dulzura las soberbias goleadas que le propinaron ese año a los Pumas, en sendas liguillas. Los universitarios querrán borrar de su almanaque ese año infausto. En el banquillo, Miguel Herrera se impuso de principio a fin a David Patiño.

Con el Clausura 2018 iniciaron los sinsabores de los universitarios que, de la mano de Patiño como técnico, se ilusionaban al acceder a la Liguilla en la séptima posición general. La mala suerte hizo que enfrentaran a los emplumados en la instancia de cuartos de final. El saldo para los felinos en la serie fue desastroso.

La ida fue en el estadio Olímpico Universitario, el 2 de mayo. La expectación era grande. Los del Pedregal tenían la oportunidad de saldar alguno de los muchos agravios que les debían los de Coapa. Sin embargo, la esperanza se diluyó de inmediato. Los fieles seguidores unamitas supieron, desde el inicio del partido, que los Chicos de la Tele eran mucha pieza.

Todavía no se había cumplido el primer minuto de juego cuando Mateus Uribe ya marcaba el primero, con un remate de testa, en cobro a balón parado. Los 35 mil aficionados reunidos en esa velada sintieron un dardo clavado en el centro de sus expectativas. El francés Jéremy Ménez, que en su paso por el América hizo muy poco y se fue entre rechiflas del club, en ese juego se convirtió en improbable figura. Provocó un penal y al minuto 30 se encargó de cobrarlo para colocar el segundo. El colombiano Uribe se apuntó de nuevo en la pizarra, en el minuto 37, con un soberbio derechazo que se incrustó en el ángulo derecho del Pollo Saldívar. El corazón de los seguidores Pumas se caía a pedazos. Nicolás Castillo descontó de penal para los universitarios al minuto 45. Pero muy pocos en CU se hacían ilusiones. Al minuto 60, Saldívar imprudentemente se enredó en la pierna de Oribe Peralta y el silbante no dudó en marcar la pena máxima. Fue Ménez el encargado de ejecutar la sanción y lo hizo con un fogonazo implacable por el centro. El marcador quedaba sellado con un pesado 4-1.

La vuelta, el 5 de mayo, ya con Pumas en estado comatoso, fue de nuevo para el América, con marcador de 2-1, en el Azteca.

La serie se definió con un pesado 6-2 global.

Para consuelo de Pumas, los aguiluchos fueron eliminados en semifinal por Santos, que en esa Liga se coronó.

Con el Apertura 2018 la feligresía de los auriazules levantó de nuevo el corazón para ver figurar a su equipo. Patiño renovaba las ilusiones al meterse a la fiesta de los 8 en tercera posición. La tribuna de CU hacía votos de fe para creer en la resurrección de su once. En cuartos, dieron cuenta de Tigres, el trabuco milloneta que no pudo descifrar el crucigrama que le colocaron enfrente los universitarios capitalinos, que se llevaron la serie con global de 4-3. América, por su parte, dio cuenta de Toluca, en una llave sufrida que se cerró con tanteador de 5-4.

El destino volvió a reunir a los capitalinos, pero esta vez en semifinales. Grandes serían la recompensa y el castigo. La ida, el 6 de diciembre en el Olímpico, se resolvió con un salomónico empate a un gol. En la vuelta, escenificada el 9 de diciembre en el Coloso de Santa Úrsula, ningún guionista pudo haber escrito un desenlace más sorprendente e increíble. El marcador pasará a la historia por su dimensión de escándalo.

Recién iniciado el duelo, las Águilas comenzaron a descargar su furia. Al minuto 9 Renato Ibarra penetró por la derecha y de un derechazo venció a Saldívar que vio pasar la esférica por el puente trágico de su costado. Pero Carlos González nivelaba el partido al minuto 24, al conectar de cabeza para vencer a Marchesín. El gusto no duró mucho a los visitantes, porque Bruno Valdez, por los cremas, colocó el 2-1 en el minuto 29, con un testerazo en tiro de esquina. Víctima de la presión, a los 36 el Pollo Saldívar manejó torpemente un balón que le retrasaron y lo regaló a Ibarra, que se tomó todo el tiempo del universo y centró un bomboncito que Roger Martínez firmó con una soberbia tijera. Caía el 3-1 y Pumas ya estaba desfondado. En el 47, en un córner raso, que pasó por el área como buscapiés Guido Rodríguez firmó con un zapatazo de derecha el 4-1. El partido ya era una pesadilla para la UNAM. Pero todavía faltaba lo peor para su causa. Láinez, al minuto 51 recibió un pase de Ibarra y sobre la carrera, disparó al borde del área chica para poner otro clavo al ataúd de los muchachos de Patiño. El 5-1 era un marcador de época. Los aguiluchos tocaron el cielo y los felinos la humillación al 71, cuando, de penal, Aguilera cobró por el centro, y puso el final 6-1. Con el marcador pesadísimo como una lápida de concreto, el árbitro Jorge Isaac Rojas se apiadó de la patria de la UNAM y no dio ni un minuto de compensación.

Para los seguidores de Pumas, la derrota fue como un escupitajo en el rostro. A la siguiente semana, la afrenta se incrementó por mil, porque las Águilas avanzaron a la final, donde se impusieron al Cruz Azul y levantaron la Copa.

CAPÍTULO 3
CRUZ AZUL VS. AMÉRICA

Por César Vargas

CRUZAZULEAR

Ninguna final se ha repetido más veces en la historia del fútbol mexicano que Cruz Azul-América y, como es de esperarse, el juego ha sido terreno fértil lo mismo para epopeyas que para tragedias.

El Cruz Azul ha sido protagonista de todo un fenómeno psicosocial que incluso ha hecho aportaciones interesantes a la lengua.

Durante la época en que la locomotora pitaba fuerte, nadie se inquietó en que al Cruz Azul se le llamara la Máquina Celeste, cuando todos veían claramente que su camiseta era azul rey o azul marino.

Años después el Clásico América-Cruz Azul es un duelo que, a punto de cumplir los 60 años, aún se acepta que le sigan llamando el Clásico Joven.

Pero la máxima aportación a la lengua de este equipo ha sido la palabra *cruzazulear*.

Hoy, a un niño que derramó el refresco, a un padre que realizó mal alguna tarea del hogar, o a una madre que hizo un comentario indiscreto, se le puede decir con toda seguridad: "La cruzazuleaste".

Desde que el año 1997, cuando Carlos Hermosillo cobró un penal con el rostro ensangrentado para vencer al León, y la Máquina se coronó, han pasado más de 20 años de vicisitudes, o más bien de tragedias, que han impedido al Cruz Azul volver a agenciarse una Liga casera.

Desde entonces ha perdido 6 finales de Liga, 2 de Concacaf y 1 de Copa Libertadores de América.

En la final del Apertura 2009, por ejemplo, dejó escapar una ventaja de 3-1 al medio tiempo del partido de ida, ante el Monterrey.

Esa dolorosa cadena de derrotas en los partidos decisivos por el título llevó a los aficionados rivales a acuñar, a manera de burla, el verbo *cruzazulear*, aplicable a los equipos que dejan ir una victoria inminente a causa de sus propios errores, muchas veces grotescos.

El término alcanzó su grado máximo en la final del Clausura 2013, precisamente el día 26 de mayo. Nunca como entonces, el Cruz Azul estuvo a punto de romper la larga racha de derrotas en finales, y lo haría nada menos que ante el América, su rival histórico.

En la ida el conjunto cruzazulino dirigido por Guillermo Vázquez, había ganado 1-0. En la vuelta, con un hombre más desde el minuto 14, el club cementero anotó al minuto 20 el primero de la tarde, en los botines de Teófilo Gutiérrez. Era el 2-0 global.

Cerca del final, el balón le quedó a Teófilo Gutiérrez solo para empujarlo a las redes, a centímetros de la línea de gol. Pero el delantero colombiano se confió, pensando que el tiro del Chaco Giménez iba rumbo a las redes, y estiró la pierna sin decisión, en lugar de ir con todo. El balón pegó en el poste, luego se estrelló en la pierna de Teófilo y, de nuevo en el metal, antes de abandonar la línea de meta. El tanto habría liquidado el partido.

Aunque la falla fue grosera, nadie lo tomó como un mal presagio, sobre todo porque quedaban 12 minutos de tiempo regular y la ventaja se mantenía 2-0 a favor del Cruz Azul, que aún seguía llegando con peligro sobre el arco americanista.

Pero muy pocos contaban con que la *cruzazulearían*. Al minuto 88, la defensa de la Máquina dejó sin marca al colombiano Aquivaldo Mosquera, quien remató de cabeza, bombeado, para acercar 2-1 a los emplumados.

Y ya en tiempo de compensación, en el minuto 93, el portero de las Águilas, Moisés Muñoz, se sumó al ataque desesperado, para rematar de cabeza un balón que iba a ser atajado sin problemas por el guardameta Jesús Corona. Con demasiada mala fortuna, el volante cementero, Alejandro Castro, desvió la trayectoria del esférico, que se incrustó en la portería para mandar el partido a tiempos extras.

El duelo se alargó hasta los penales, donde una vez más un jugador de cementero cometió un error grosero. El mismo Castro se resbaló cuando iba a ejecutar su penal y su disparo salió por encima de la portería. América, que agonizaba, terminó levantando la Copa.

En el Apertura 2018, la historia se repitió, aunque sin tanto drama. América se impuso 2-0 a la Máquina en la final de la Liga MX, y el dominio aguilucho resultó tan abrumador que la prensa resaltó que esta vez ni a *cruzazuleada* llegó la derrota del Cruz Azul.

En total, Cruz Azul y América se han enfrentado seis veces en juegos por el título: cuatro por la Liga, 1971/72, 1988/89, Clausura 2013 y Apertura 2018, con tres victorias para las Águilas, y una para la Máquina.

En Copa ganó el América en la campaña 1973/74, aunque en Campeón de Campeones de esa misma temporada, el triunfo fue para Cruz Azul.

Hay ciertas frases, hoy de uso común, que nos remiten a ciertas épocas de la historia, y que nacen de costumbres ya en desuso.

"Aguas...", término que solemos pronunciar para alertar de algo que puede ocasionar un daño, nació en tiempos de la Colonia, cuando, ante la falta de drenaje, la gente arrojaba el agua sucia desde los balcones hacia la calle. Y se gritaba "aguas" para evitar mojar a quien pasara.

"Le cayó el veinte..." se refiere a cuando alguien por fin entendió algo, y es derivado de los teléfonos públicos que hace décadas funcionaban con una moneda de 20 centavos, y en los que la persona podía empezar a hablar justo al momento que la moneda caía al fondo del aparato.

Así la palabra *cruzazulear* será recordada como la época en que Cruz Azul era capaz de perder finales de las maneras más inverosímiles....si es que aún no sigue haciéndolo por ese entonces.

EL FESTEJO DEL PIOLÍN GIGANTE

El cobro de Chucho Benítez que puso adelante 2-0 al América en la tanda de penales frente a Cruz Azul, en la final del Clausura 2013, desató en Miguel Herrera una euforia que a muchos les remitió a un icónico personaje de caricatura. Era como el canario Piolín, cuando se transformaba en un simpático monstruo grotesco, que contrastaba con su angelical figura de ave del paraíso.

Una sola celebración puede resumir la historia de un futbolista, o de un técnico.

El fútbol cuenta con festejos célebres que han inmortalizado la televisión, o la cámara de algún fotógrafo.

El grito de Marco Tardelli, en la final de España 82.

El puño en alto de Pelé, en el Mundial de México 70.

Pero la celebración del Piojo Herrera, en aquella final de las Águilas ante la Máquina, en la *cruzazuleada* más conocida, pertenece a una especie singular: a la de la euforia que causa algo de humor, acorde con un personaje cuyas declaraciones y actitudes suelen causar polémica y comentarios diversos entre la opinión pública.

Ese día, Herrera se suspendió en el aire y con el cabello mojado por la lluvia que cayó en el estadio Azteca, durante el tramo final del partido, dibujó una silueta que muchos compararon con el capítulo en el que el canario Piolín se toma una pócima y se transforma en un monstruo.

Lo que muchos no sabían era la historia detrás de la emoción desbordada del Piojo.

Contra la Máquina superaba muchos traumas que habían marcado su carrera y su vida personal.

FATÍDICO MANEJO DEL PARTIDO

Contra Cruz Azul, Herrera enmendaba un error que le costó un campeonato, muchos años antes.

Aquella noche el estadio Tecnológico aún hervía cuando la puerta metálica del vestidor se abrió de golpe.

Apareció la figura de Miguel Herrera, entonces entrenador de Rayados. El verde de las plantas ubicadas a unos metros transmitía ese aire de oxigenación, de tranquilidad en medio de la pasión, que siempre exudó la hoy extinta casa de la Pandilla del Monterrey.

El Piojo, en cambio, transpiraba, impecable el traje gris humedecido por el sudor.

"Cuando crees que ya superaste algo, te vuelve a pasar", soltó con frustración al tiempo que se recargaba en el metal que delimitaba el vestidor.

Los Rayados se habían dejado empatar de nuevo. La falta de manejo de los partidos se había convertido en un trauma.

Al frente del Monterrey, Herrera perdió dos títulos al no saber manejar ventajas: en el Apertura 2004 ante Pumas, y en el Apertura 2005 contra Toluca. También se le escapó la oportunidad de ir a un Mundial de Clubes. Tras dejar Monterrey, descendió con Veracruz y tuvo un paso sin pena ni gloria por Estudiantes Tecos. Eso para muchos representaba el declive final de su carrera.

REBELIÓN EN EL ATLANTE

Antes de la gloria ante la Máquina, también tuvo que enfrentar pesares, esta vez en el Atlante, con un vestidor dividido.

Al poco tiempo de haber asumido como director técnico de los Potros de Hierro, en la temporada verano del 2002, su primera aventura en el banquillo, Miguel Herrera aprovechó una reunión con jugadores y el presidente del equipo, José Antonio García.

El Piojo increpó:

-José Antonio, te quiero preguntar, ¿quién es el director técnico?

-Tú, Miguel -respondió el directivo.

-Muy bien, entonces estos señores conmigo no juegan más.

Se refería a varios elementos que se oponían a que Herrera los dirigiera, argumentando sus pocos pergaminos, en comparación con los de ellos. Entre esos elementos estaban los argentinos Roberto Trotta, defensa, y Damián Grosso, portero. Ninguno de ellos volvió a ver acción, y ante la prensa solo se manejó que no eran tomados en cuenta por baja de juego.

"Tenía que dar un golpe de autoridad", diría más tarde el Piojo.

EL LOCO QUE SOÑABA CON EL TRI

Herrera era un soñador incorregible.

Como es su costumbre, a Miguel Herrera lo rodean aficionados que desean tomarse una foto u obtener un autógrafo suyo, los entrenamientos del Monterrey suelen ser una fiesta en El Cerrito. Es el año 2004 o 2005. En esas está, cuando dice a los reporteros:

"Quiero dirigir a la Selección Mexicana...".

La declaración ha de ser tomada como un disparate por la opinión pública, que aún lo tiene encasillado como aquel jugador violento de su época de pantalones cortos, y el director técnico que deja escapar los marcadores a favor, por falta de control táctico.

Muchos cuestionarían más tarde también que llegara al América un hombre que en teoría venía de bajada en su carrera como timonel, y que, para muchos, no reunía el perfil para dirigir a las Águilas, el equipo más ganador y con más glamour de México.

UNA INFANCIA DIFÍCIL

Miguel celebraba en el Azteca el campeonato ante el Cruz Azul y atrás dejaba un pasado muy complicado.

Ante el divorcio de sus padres, Miguel tuvo en el segundo esposo de su madre, don Lalo, la persona que se preocupó por llevarlo a entrenar y comprarle sus zapatos de fútbol, cuando era niño.

A pesar de que don Lalo y Marisela Aguirre, mamá de Miguel, se divorciaron también, el "padre adoptivo" nunca dejó de apoyar al pequeño.

Cuando Miguel ya era jugador de Primera División, su papá biológico lo buscó, pero la respuesta del Piojo fue que su verdadero padre era don Lalo.

LA FATÍDICA EXPULSIÓN DE MOLINA

Al minuto 14 de la vuelta contra Cruz Azul, en la final del 2013, la expulsión de Jesús Molina dejó al América con 10 hombres. La acción despertó en Herrera y en su preparador físico, un mal recuerdo.

Les remitió a diciembre del 2005, cuando en la vuelta de la final con Rayados frente al Toluca, la tempranera tarjeta roja de Paulo Serafín dejó al Monterrey en inferioridad, lo que derivó en una catástrofe que les privó del título de Liga.

Y más, porque en esa final contra la Máquina, las Águilas perdían 1-0 en el global, y sobre todo, porque estaban 2-0 en el minuto 88. No sabían el milagro que les esperaba, y que no solo les permitiría alcanzar su primer título de Liga, sino que les abriría las puertas para una trayectoria de leyenda.

Así que detrás del festejo de Miguel Herrera en aquella final ante Cruz Azul había una euforia contenida tras largos años de lucha ante la adversidad y las críticas.

LUPILLO EN EL MAR AZUL

Lupillo Castañeda pide tiempo para poner en orden su memoria. Algunos días quizá.

No recuerda en primera instancia anécdotas memorables de partidos ante América cuando vistió la playera del Cruz Azul.

Su libro *Una historia que contar* consta de casi 500 páginas, pero poco profundiza en los duelos ante las Águilas.

Se trata de un ejemplar que a simple vista parece demasiado sencillo en el diseño y la redacción. Pero al comenzar la lectura, la historia es un ave que toma su propio vuelo, uno de los más entrañables y sinceros relatos que en tiempos recientes se haya escrito sobre la vida de un futbolista en México.

"Yo mismo hice el diseño y lo escribí", afirma con orgullo.

Con fuerza, el fondo se impone a la forma de manera abrumadora. Retrata los días de infancia en que, junto a su hermano Martín *Toqui* Castañeda, se aventuraba en los basureros en busca de algún tesoro que les alegrara el día. También nos lleva con una angustiante descripción a repasar los días en que retó a la muerte junto a otros "mojados" que buscaban cruzar el río Bravo para probar suerte al otro lado de la frontera.

La ironía quiebra el relato en los alrededores del Coliseo de Los Ángeles: el escenario donde deambuló junto a otros indocumentados con los bolsillos vacíos, le verá cinco años después saltar al campo con la playera de la selección mexicana. El sueño que desvanece la pesadilla.

En el libro, Lupillo es el personaje real que alcanza a debutar en Primera División con el destino a punto de dar el silbatazo final, tras una serie de intentos y frustraciones.

En ese mar de azul intenso, cargado de emociones en el libro, no asoma el recuerdo de aquella mañana del 19 de septiembre de 1993, aunque en la plática, el legendario lateral izquierdo lo retoma.

A través del cristal de la ventanilla del autobús, *Lupillo* ve a los aficionados cementeros enfilarse hacia el estadio Azteca para ver a su equipo enfrentar al América. Se juega la jornada 7 de la temporada 1993/94, en la que Lupillo se integró al plantel de Cruz Azul.

"Vi a aficionados cabizbajos de la Máquina, con la bandera enrollada, enfilándose al estadio, y dije: por ellos me voy a rifar, por ellos con todo, aunque yo siempre lo hacía por mí, por mi prestigio, por mi persona, por mi profesionalismo", explica.

Había un motivo interno que unía a jugador y aficionados, y que en ese momento ni unos ni otros lo distinguieron.

El Cruz Azul sumaba 13 años sin ser campeón de Liga, trayecto donde el América se había convertido en su verdugo en dos ocasiones.

En la temporada 1988/89, las Águilas les derrotaron en la final, y hacía apenas unos meses habían eliminado a la Máquina en la ronda de cuartos de final, de la campaña 1992/93.

Lupillo tenía su propia historia frente al América. Creció admirando a la UdeG, aquel equipo de los Leones Negros a los que vio perder un partido en la final de la temporada 1975/76, ante los entonces cremas de Carlos Reinoso.

La UdeG, que irrumpió con fuerza en la década de los setenta, flechó al pequeño Castañeda, cuando unas personas regalaron boletos a los niños del barrio y pudo asistir al estadio Jalisco.

"La alineación era el Médico Reyes, el Médico Ríos, Héctor Santoyo, Jair, Bernardino de Almeida Junior Nené, Eusebio, Roberto Da Silva, Chepe Chávez, Guillén; de portero estaba Calderón, Potrillo Nájera, era de los jugadores que corrían mucho, de pelo largo, era un equipo maravilloso, nunca fue campeón, pero perdió la final contra América, y contra Pumas", recita con la alegría de quien nunca dejó de ser aficionado.

La infancia habrá de ser para José Guadalupe Castañeda Reyes una tierra lejana donde se mezclan las ilusiones tempranas con los sinsabores de la pobreza, en el barrio San Francisco, de Guadalajara.

En casa no había televisión, por lo que él, sus hermanos y sus amigos, solían arreglárselas para ver los partidos de la UdeG asomándose a través de las ventanas de las casas donde sí había el aparato receptor.

Y cuando los dueños de las viviendas les prohibían acercarse, se conformaban con seguir las acciones en el reflejo de los ventanales que se abrían hacia arriba, sostenidos del marco por una varilla.

El 4 de agosto de 1976, la UdeG se enfrentó al América en la final por el título de Liga, y Lupillo tuvo la fortuna de asistir con los boletos que les regalaron.

La vuelta se jugó el 8 de agosto en el estadio Azteca. Para ese juego tuvo la fortuna de recibir la invitación de un amigo para verlo en la sala de su casa. El marcador global fue un 3-1 a favor del América. Una temporada después la UdeG volvió a llegar a la final, que perdió también, esa vez ante los Pumas de Cabinho y Spencer.

"Fueron angustiosas esas finales para mí, porque le íbamos a los Leones Negros. Siempre le quise ganar al América, no soy anti americanista, pero siempre le quise ganar a como diera lugar, siempre fue el equipo que no queríamos los demás equipos, porque aparentemente siempre se decía que les ayudaban", dice.

Aquel partido ante el América del 19 de septiembre de 1993, el Cruz Azul lo ganó 3-0, y para Lupillo significó el inicio de un romance individual con la afición de la Máquina.

"Alguna vez también perdimos con América, pero fueron más las veces que ganamos, para mí fue el inicio de una buena carrera ese partido que ganamos 3-0", explica.

En los cuartos de final del Clausura 2019, el América derrotó a Cruz Azul 3-1, lo que provocó que Lupillo Castañeda escribiera en redes sociales tratando de sacudir a los actuales jugadores de la Máquina.

"Cuando uno gana un partido importante, quiere que lo entrevisten y decir que es muy chingón y dice: yo, yo, yo. Pero cuando pierden se van caminando a toda prisa y no quieren hablar. Hay que dar la cara en cualquier circunstancia. Estos cabrones daban la cara en cualquier momento", publicó acompañando el mensaje de una foto donde aparecen Óscar Conejo Pérez, Francisco Palencia y el mismo Lupillo.

EL CAMPEONATO DE LA FE

Desde tiempos remotos, existe un jugador invisible que suele aparecer en las gestas más inverosímiles de la historia del fútbol. Ese elemento capaz de echar una mano cuando todo está perdido se llama fe. Desde la hazaña de Uruguay, en el Maracanazo en 1950, hasta un duelo resuelto de última hora en la cancha amateur más escondida del planeta, el balompié no sería el mismo sin él.

José Rangel, preparador físico del América, no tiene duda de que ese "algo" desvió aquel disparo del Chaco Giménez que, vencido el portero Moisés Muñoz, pegó en el poste. Y también intervino para que en la misma jugada, el delantero Teófilo Gutiérrez, en vez de estirar la pierna a centímetros de la línea de gol para empujarla, se quedara contemplando la acción, pensando que el esférico iba a las redes. Pero no, pegó en el poste y después en su pierna antes de salir del campo. Era el 3-0 global y habría sepultado al América, en ese partido de vuelta de la final del Clausura 2013.

"Creo que esa jugada del Chaco, nosotros la sacamos con la fe, porque pegó dos veces en el poste, y todavía le pegó en la pierna a Teófilo Gutiérrez", dice Rangel.

Aun así, el milagro parecía muy lejos.

Faltan apenas unos minutos para que acabe el partido.

Y desde la banca americanista, Rangel observa una imagen que no solo no olvidará, sino que representa para él un enorme testimonio. Los integrantes de la directiva de la Máquina han bajado hasta la cancha con playeras que dicen "Cruz Azul Campeón". El reloj de un estadio Azteca lleno marca el minuto 88, y y por si fuera poco, las Águilas tienen hombre menos por la expulsión de Molina.

Desde hace años, Rangel no solo ha sido el preparador físico del Piojo Herrera, sino además un hombre fundamental con la sabiduría necesaria para resolver situaciones complicadas en el manejo del grupo. Y además, como creyente, aporta ese valor intangible que ya hemos mencionado: la fe.

"Me recuerdo que la directiva del Cruz Azul bajó con la playera de campeón, antes de que pasara todo el milagro. Bajaron a la cancha con la playera de campeón y tuvieron que regresarse a quitársela porque fue cuando le dimos la vuelta", añade.

En la etapa final de su carrera como jugador, Miguel Herrera le hizo una promesa al Profe Rangel

"Cuando sea director técnico, te voy a llevar como preparador físico a mi equipo", le dijo.

Alguna vez otro personaje le había hecho la misma promesa a Rangel, pero no cumplió. Así que pensó que a Miguel se le olvidaría. No sucedió así.

A Herrera le gustaba que Rangel hiciera los trabajos de preparación física con balón, algo acorde al sistema de juego que soñaba imponer el día que le tocara estar al frente de un equipo. Pero el DT integraría a su equipo de colaboradores, en realidad, a un personaje también capaz de resolver situaciones humanas con una enorme sabiduría y creatividad.

Así las cosas, el partido de vuelta se enfila a confirmar una etiqueta que Miguel Herrera se ha colgado, la de un técnico que no saber ganar los finales. Y en la transmisión por televisión, los narradores anuncian las calles que incluirá la celebración de la Máquina junto a sus aficionados.

El destino del partido parece estar casi definido. Casi. Porque faltando nada, un balón bombeado a la deriva encuentra la cabeza de Aquivaldo Mosquera, y la redonda emprende un viaje lento pero con destino a las redes para vencer al arquero Jesús Corona. Aún falta mucho, pero el milagro ahora parece posible.

Y en tiempo de compensación vendrá una jugada que no solo empatará el partido, sino que pasará a ser una de las más increíbles en la historia del fútbol mexicano.

"Ese partido lo considero un milagro. La mano de Dios estuvo ahí, porque después fue el gol de Aquivaldo, luego el gol de Moi, y luego los penales, yo creo que la fe nos hizo ganar ese partido", dice Rangel.

EL VAR EN 1972

Casi medio siglo después, la jugada sigue rebobinándose en la mente de Mario Rubio. El ex árbitro internacional ve a Cesáreo Victorino rematando desde fuera del área y el balón pegando en el travesaño antes de picar en el campo, en el partido de vuelta de la final de la temporada 1971/72, entre Cruz Azul y América, en el estadio Azteca.

"Te soy honesto, no aprecié por la velocidad de la jugada, siempre me quedé con la duda", dice el Teniente Coronel, quien ese día, como juez de línea, le indicó al árbitro central, Arturo Yamasaki, que la pelota no había rebasado la línea de gol.

Las nubes del tiempo disipan los recuerdos de aquel 9 de julio de 1972. Al celular está Rubio, árbitro internacional, ya retirado, quien se hizo famoso porque en el Mundial de España 82 expulsó a Diego Armando Maradona, en un partido Argentina-Brasil.

Responde desde Ciudad de México: "¿Una anécdota?"...no eran partidos tan intensos como ahora. Déjeme estacionarme, voy manejando. Hubo una jugada en la temporada 1971/72, un tiro casi desde media cancha que pegó en el travesaño".

Apenas seis años antes una jugada similar en la final del Mundial del 66 había cubierto con una sombra de duda la corona de Inglaterra. Empatado el marcador 2-2, en tiempo extra Geoff Hurst, estrelló la pelota en el travesaño y luego picó. El árbitro dio por bueno el tanto, pero hasta ahora no está claro si la pelota rebasó la línea de gol.

En la final de la Liga mexicana, el marcador favorecía ya al Cruz Azul 3-0, por lo que la jugada polémica antes de que terminara el primer tiempo no cambiaría el rumbo del partido. En el complemento, el Centavo Muciño hizo el 4-0, y Enrique Borja, del América, acortó para el 4-1.

La anécdota, sin embargo, es lo primero que le viene a la mente a Rubio cuando se le recuerda su actuación como juez de línea en el partido de vuelta de la final.

Héctor Pulido, Victorino y Muciño habían hecho los goles de la Máquina. Entonces vino la jugada que Victorino estrelló en el travesaño. En realidad Rubio no había visto de manera clara la acción, pero no marcó el gol, en parte, por la reacción de los jugadores, porque la mayoría, tanto del América, como del Cruz Azul, reaccionaron como si el balón no hubiera entrado.

"¿Estás seguro?", le preguntó el central Yamasaki a Rubio, antes de confirmar la marcación de "no gol". De inmediato Eladio Vera y Miguel Ángel Cornero, jugadores de la Máquina, corrieron hasta la banda para encarar a Rubio quien, impasible, mantuvo su señalamiento.

Al medio tiempo el cuerpo arbitral se tranquilizó.

"Nos dijo una persona de la Comisión que habíamos calificado bien la jugada, pues no era gol", dice.

Los integrantes de la Comisión de Arbitraje tenían en su palco una televisión donde habían revisado la repetición, que había brindado durante la transmisión del partido.

Se adelantaron a la época. El VAR de aquella época había avalado la marcación de Rubio y Yamasaki.

EL ARTE DE NO RECLAMAR

Narciso Ramírez es sobreviviente de una época distinta de entender el fútbol. En un Clásico Joven de temporada regular, jugando para el América, le clavó los tacos en el pecho al legendario guardameta del Cruz Azul, Miguel Marín. Lateral izquierdo de los entonces Canarios, Narciso buscaba conectar un centro de Borbolla, pero como el Supermán llegó antes a la cita, alcanzó con una entrada muy fuerte al portero argentino. Fue un intento de aliviar su frustración, porque los entonces cremas perdían 2-1.

El árbitro expulsó a Narciso, y Marín se levantó sin queja para seguir jugando. Recuerda el americanista: "Siempre para mí Cruz Azul ha sido una buena institución. Eran buenos Clásicos. Y como Miguel Marín hacía muy buenas atajadas, fui a golpearlo, a ver si nos dejaba anotar un gol".

Ahora reconoce que la acción le provocó una terrible cruda moral.

"Me sentí mal, Miguel era un ídolo, muy buena persona", lamenta.

Narciso Ramírez dice ser el primer jugador surgido de las Fuerzas Básicas del América, mucho antes de que lo hiciera el Capitán Furia, Alfredo Tena. Integraron el gran América del Monito Rodríguez, Borja, Reinoso y el Pata Bendita Castro. Dice que le tocó vivir la mejor época del fútbol mexicano, cuando se peleaba por el amor a la camiseta, sin tanta publicidad.

"He perdido mucho interés en el fútbol mexicano, por tantas cosas que se presentan, el cariño que tenía por el fútbol se ha ido mermando por todo lo que ves y he sabido. Jugadores y entrenadores extranjeros que insultan al mexicano y aun así lo tratan bien. Extranjeros que le mientan la madre al periodista y nadie les dice nada. Habló específicamente por Tuca Ferretti. Ni siquiera veo el fútbol de Tigres por televisión", resume.

Recuerda con gran cariño a algunos técnicos que le dirigieron en diversas etapas de su carrera: "José Antonio Roca, que en paz descanse, Raúl Cárdenas, eran muy respetuosos, el Gallo Jáuregui, Carlitos Peters. Podrán decir muchas cosas de Ricardo La Volpe, pero respeta mucho al jugador".

Con la playera del América le tocó disputar vibrantes Clásicos contra Chivas y el Cruz Azul, en partidos de antaño "que se jugaban con el corazón".

Un día que iban a enfrentar al Guadalajara, en Los Ángeles, le pidió al médico que no reportara que tenía temperatura, para que el entrenador no lo dejara fuera de la convocatoria. Previo a otro duelo contra el Guadalajara, el timonel José Antonio Roca les dijo una frase que se le quedó grabada para siempre: "A los enanos hay que pisarlos y no dejarlos que crezcan, porque si crecen nos dan en la torre...".

Se retiró en 1983 con el Atlas. Pero Carlos Reinoso lo invitó a formar parte de su cuerpo técnico, como primer auxiliar y también como preparador físico. Ese equipo América hizo quizá la mejor campaña de un equipo en la historia de la Primera División del fútbol mexicano, en la temporada 1982/83. Era una máquina de hacer goles, con un fútbol muy intenso, terminó con 61 puntos. Apenas perdió 3 de 38 partidos. "Muchos decían que era porque les daban pastillas, pero era por su preparación", añade.

Narciso cree que Reinoso habría sido el mejor técnico en la historia del fútbol mexicano, de no ser por cosas extra fútbol que lo distrajeron en su preparación.

Narciso es un americanista de pura cepa. Desde los 9 años de edad fue registrado en las Fuerzas Inferiores del América. A los 17 lo subieron al primer equipo.

Ese gran América vio frustrado su camino al título porque se interpuso precisamente el Guadalajara, que lo eliminó con un 3-0 en semifinales.

El partido terminó en una bronca legendaria.

"Nos metieron el gol, andaban festejando, vienen las burlas, y se le nubla a uno la cabeza. Realmente no nos pegaron, fue más el escándalo, aunque ellos le sacaron y mejor se fueron al vestidor".

Un año después, sin embargo, se desquitaron de las Chivas, al vencerlas en la final. En esa primera parte de la década de los ochenta, Cruz Azul apenas si aparecía en el escenario, tras dejar atrás la hegemonía que ejerció durante la década de los setenta.

Pero eran otros tiempos, insiste. En otro Clásico contra Cruz Azul, le tocó marcar a Gerardo Lugo, padre. Entonces no había tantas cámaras de televisión como ahora, por lo que se podía pegar sin que el árbitro, ni nadie, se diera cuenta. De frente a la portería, pasó junto a Lugo y le dio un rodillazo en el muslo, sin balón. El rubio jugador de la Máquina se quedó tirado, sin reclamar nada. Salió lesionado sin poder regresar a la cancha.

"Son cosas que no se deben hacer", confiesa.

Entra en el debate de quién ha sido el mejor jugador extranjero que ha venido al fútbol mexicano: si Claudio Lostaunau o Reinoso.

"Reinoso era más agresivo en su fútbol, te quitaba la pelota para encarar a los rivales, se quitaba a dos o tres marcadores, Lostaunau tenía mucha calidad, pero no era como Reinoso".

En el Tampico-Madero recuerda que entrenaban a las 7 de la noche, y que daban las 11, casi media noche, y Reinoso y Benjamín Galindo aún estaban trenzados en duelos por ver quién metía más tiros libres.

Galindo quería aprender de Reinoso y por eso se quedaba el tiempo que fuera necesario practicando.

"Siempre ganaba Reinoso, pero llegó un momento en que dijo 'ya no', porque Benja ya le empezaba a ganar", recuerda.

Narciso insiste en que eran otros tiempos:

"Hugo Sánchez, por ejemplo, es un ídolo, le dabas una patada y nunca reclamaba, buscaba la manera de desquitarse, y ahora por cualquier golpecito dan marometas, se revuelcan, dan giros".

El 18 de marzo de 1979, los Pumas destrozaron 8-1 al Tampico, en el ahora llamado estadio Olímpico Universitario. Al final del partido, Hugo Sánchez se acercó para saludarlo, pero en medio de su frustración, Narciso lo interpretó de manera equivocada, como que se estaba burlando, por lo que le soltó un cabezazo que le rompió un diente al entonces llamado Niño de Oro.

"Iba bien a despedirse, pero mi mente estaba caliente, no iba de mala fe, pasa el tiempo y te das cuenta de los errores que cometes", dice.

En el partido de la siguiente temporada, recuerda, cuando los Pumas visitaron al Tampico, pensó que Hugo iba a querer desquitarse.

Transcurrió todo el cotejo sin que el delantero de los Pumas reclamara algo, o diera muestras de estar molesto. Pero cuando el partido se enfilaba al final, de pronto Hugo le hizo una barrida por detrás a Narciso, que le rompió los ligamentos de una rodilla.

Tampoco hubo reclamos. Eran otros tiempos.

EL EVEREST DE MARTELLOTTO

Ese 12 de mayo de 1993, ante un estadio Azteca a reventar, Germán Ricardo Martelloto recibió el balón cedido por Cecilio de los Santos, en un saque de banda.

Enfundado en la camisa de las Águilas, controló con la cara externa del pie derecho e inició los seis segundos que resumirían toda una vida pegada a la pelota. Culminó la maniobra con la que alcanzaría algo así como un Everest futbolístico, su punto de madurez y lucidez máximo. La plenitud. Ese día, el América enfrentaba al Cruz Azul en el partido de ida de los cuartos de final de la temporada 1992/93.

Solo los que tuvieron desde la infancia un balón como mejor amigo, pueden comprender su sentimiento.

En su natal Córdoba, el pequeño Germán Ricardo vivía con la pelota cosida a los pies, como la mayoría de los niños de su edad. Ríe cuando lo recuerda. "Jugábamos todos los días enfrente de mi casa, y cada tanto le rompíamos las plantas de rosas a mi abuela", dice, deslizando las vocales, con ese acento tan marcado de aquellos quienes nacieron en esa parte de Argentina. Pero se pone más solemne al evocar aquellos días de la infancia en que gambetear era una mezcla de instinto de sobrevivencia, de placer y de atrevimiento.

"Hay una creencia de que el que más gambetea es el que mejor juega, y los niños buscan la gambeta como recurso válido, cuando esté en etapas mayores", dice Martellotto, entrevistado a sus 56 años de edad. Su generación había sido influida, sin duda, por Diego Armando Maradona, cuya fantasía alcanzó su propia meseta del fútbol aquel 22 de junio de 1986, en que el que avanzó driblando ingleses como si fueran conos, para anotar el mejor gol de todos los tiempos, acorde al relato de Víctor Hugo.

"Quizá aquel gol de Maradona del 86 de alguna manera es un camino a seguir por la mayoría de los chicos. Quieres gambetear a todos los rivales en el camino, y es un poco el sueño de estos chicos. Después, ya en etapas más grandes se va perfeccionando eso. Acá se buscan jugadores con esa virtud, capaces de gambetear y de sacarse a un rival de encima", recuerda. En su libro *El Partido*, Andrés Burgo considera que ese 22 de junio Maradona llegó al estadio Azteca como un mortal más, y salió convertido en Dios. El destino quiso que en el mismo Coloso de Santa Úrsula, Martellotto tomara aquel balón en el vértice del área grande, para controlar con la cara externa del pie derecho y dejar en el camino a uno de los contendores del Cruz Azul.

Por el costado del área le hizo túnel a uno de los centrales. Enseguida enganchó al otro marcador central, que se cruzaba. Le quedó entonces la portería a unos 10 o 12 metros, con el ángulo cruzado y un poco cerrado. Empalmó fuerte el balón al segundo poste y a media altura. "Fue una jugada muy rápida, una frecuencia entre un defensor y otro, que fui eludiendo muy rápido, y terminó con un remate muy certero que nos abrió el partido y nos dio la posibilidad de ganar el primero de los dos de la serie", describe.

El partido de ida terminaría 3-0 a favor del América que, pese a sufrir en la vuelta, logró el boleto a la semifinal.

Martellotto había llegado a México para la temporada 1989/90, a los Rayados del Monterrey, equipo donde también se convirtió en figura e ídolo de la afición, en base a una técnica depurada, visión de campo excelsa y una zancada impresionante. Su don de gentes intensificó esa comunión con el público.

Pasó al América para la temporada 1992/93 y con la presencia del técnico, también argentino, Miguel Ángel López, los planetas se alinearon. Y es que el Zurdo lo colocó más adelantado en el campo, casi como un segundo delantero, con menos responsabilidades de recuperación, y mucha mayor libertad.

La nueva posición en el campo le produjo una explosión ofensiva que le permitió anotar 20 goles, la máxima cifra que logró en su carrera. Hay jugadores que pueden pasar toda una vida deportiva sin lograr empatar la madurez mental con la plenitud física. Muchas veces cuando la mente ha encontrado su clímax, el cuerpo ha dejado atrás su mejor forma. En aquella jugada, Martellotto encontró su madurez emocional, de decisión, de síntesis mental, con una plenitud física que le permitió tejer una obra de arte, que mezcló las ansias de la infancia con la serenidad de la experiencia para tomar decisiones correctas en milésimas de segundos.

"La jugada fue sucediendo a medida que aparecieron los rivales. El secreto estuvo un poco en la precisión de los controles de la gambeta, y finalmente del remate al arco, y de la velocidad de ejecución, siempre la velocidad es determinante. Una acción que combina técnica y velocidad, y buenas decisiones, generalmente produce algo a favor", dice. El América contaba con un plantel poderoso, con jugadores como Juan Hernández, Cesilio de los Santos, Óscar Ruggeri, Germán Villa, Gonzalo Farfán, Zague, Hugo Sánchez y Cuauhtémoc Blanco.

En la semifinal se toparon con el Monterrey, equipo que los eliminó con tres goles anulados de manera muy dudosa a los atacantes de las Águilas, en el estadio Azteca.

El arbitraje estuvo a cargo del costarricense Bernie Ulloa, al frente de una tripleta extranjera que fue traída de manera inédita y polémica para sancionar la Liguilla.

De avanzar a la final, el América era súper favorito para vencer al Atlante. La eliminación ante los Rayados, sin embargo, impidió que Martellotto coronara con un título quizá la mejor temporada de su carrera. Aquel gol ante Cruz Azul sería, para su gusto, uno de los mejores cuatro que anotó en su vida. Evoca, con una mezcla de emoción y nostalgia: "Uno en Argentina, jugando para el Deportivo Español, también gambeteando desde media cancha, eludiendo a tres rivales y antes de salir el arquero elegí un palo abajo para definir... Otro con Deportivo Cali, contra el Quindío, ganamos 5-2. En un córner en contra, agarré el rebote saliendo del área, trasladé casi hasta el otra área, gambeteando a dos en ese recorrido, y ante la salida del arquero se la tiré por encima, y pude concretar... Y el primer gol en Monterrey, el primero que me tocó hacer en un Clásico ante Tigres, que ganamos 2-0 en una tarde de lluvia...".

Salimos todos los días a alcanzar el propio Everest: ese día ante la Máquina, Germán Ricardo Martellotto ascendió al suyo.

"PÁRTELO EN DOS"

Desde la banca, Víctor Santibáñez es un espectador privilegiado de la batalla que mantiene en vilo a más de 40 mil aficionados apilados en las gradas del estadio Azul. Nadie se mueve. No solo por la tensión, sino por la incomodidad de las butacas. La rodilla de uno pega con la del vecino, o con la espalda del que ocupa el asiento de adelante.

El reloj atraviesa el minuto 78 de aquel 19 de abril de 1998. Y Santibáñez observa con cierta veneración al director técnico chileno Carlos Reinoso, mientras los cuartos de final entre el América y Cruz Azul se mantienen con ventaja para las Águilas, de un gol en el global.

Para los mayas, el elemento más importante del cielo era el Sol, reconocido como la principal fuente de vida. En este atardecer de abril, la posición del astro sirve para medir la edad del vetusto estadio Azul o de la Ciudad de los Deportes, edificado a mitad de la década de los cuarenta con dirección oriente-poniente, mucho antes de que las reglas de la FIFA ordenaran construir los estadios de norte-sur para evitar que los porteros tengan el resplandor de frente.

Así que el reloj se aproxima al final de juego cuando Reinoso ha mandado llamar a Santibáñez, quien está a punto de cumplir el sueño alimentado día a día desde aquellos tiempos de la infancia, en su natal Torreón. Allá, la familia y amigos se pegan al televisor para celebrar el estremecedor acontecimiento del debut.

Como jugador del América, Reinoso ha sido quizá el mejor extranjero que ha llegado al fútbol mexicano. Su virtuosismo con el balón alcanza tintes de leyenda. En 1972 su disparo desde media cancha y casi desde el saque inicial, vulneró la portería del Atlético Español y dejó con pocas palabras al maestro del lenguaje narrativo: Ángel Fernández. Después remató a gol con una "rabona", una jugada donde se llevó a toda la defensa de la UdeG, en la final de la temporada 1975/76. En 1978, con un tiro libre mancilló la portería del Loco Gatti para que el América venciera a Boca Juniors, en la final de la Copa Interamericana. Y en el ocaso de su carrera, ya con la playera de los Coyotes del Neza, se perfiló en línea recta para cobrar un tiro de esquina como si se tratara de un tiro libre, para anotarle un gol olímpico al villano preferido de todos, Ricardo Antonio La Volpe.

Por eso, quizá cuando Reinoso mandó a llamar Santibáñez para hacerlo debutar, muchos pensaron que el Maestro le estaría desentrañando las claves tácticas del partido o compartiéndole algo de su interminable manual de técnicas sobre la relación hombre-balón.

Lo que el juvenil escuchó fueron instrucciones muy diferentes.

El objetivo del Maestro Reinoso era el otro Maestro, Benjamín Galindo, el magistral mediocampista que movía los hilos del Cruz Azul, y que en el partido de ida había anotado el gol sobre el final, que acortó 2-1 el marcador y dejó con vida a la Máquina para la vuelta.

Recuerda Santibáñez: "Me dijo que me iba a debutar, pero quería que reventara a Galindo, que no quería que tocara la pelota en lo que restaba el partido, y que si había una dividida que lo partiera en dos. Así que era mi debut y quería que ablandara al Maestro Galindo, que a la primera barrida que le tirara iba a saltar, y solo iba a estar pensando cómo quitarse las barridas en vez de crear una jugada peligrosa. Y precisamente así fue, a la primera barrida que le tiré, saltó un metro, y ya después no pudo jugar a gusto".

A pocos metros del estadio Azul se ubica la Monumental Plaza de Toros México, donde el arte y el sacrificio, el miedo y la valentía, la vida y la muerte, se mezclan en un rito donde los elementos alcanzan un nivel sagrado de complemento y contradicción. La plaza de toros y el estadio habrían de formar parte de una Ciudad Deportiva que incluirían otras instalaciones, pero el proyecto quedó inconcluso antes de que el siglo XX alcanzara su primera mitad.

Como los pasadizos secretos que se dice atraviesan por abajo de la tierra diversas ciudades en México, construidos para evitar persecuciones y que configuran un sinnúmero de leyendas, un túnel conecta la Plaza México con el estadio de la Ciudad de los Deportes. Cuenta la leyenda que a través de ese túnel suelen fugarse hacia el estadio de fútbol, algunas veces, el alma bravía, la pasión, la sed de sangre de los astados muertos en sacrificio en el ruedo; y que otras tantas, el señorío artístico de los toreros enfundados en el traje de luces, ofrecen su inspiración al respetable.

Aunque se lo preguntan desde hace lustros, nadie comprende por qué el genial Reinoso enseñó a sus equipos a jugar muy ofensivos, intensos y con mucho gol, pero también a presionar al rival para recuperar el balón, a meter la pierna, a destruir, con buenas y malas artes, y a provocar, como si buscara mimetizarse en aquellos que una y otra vez intentaron detenerlo a patadas cuando era jugador.

En el arranque del segundo tiempo Julio César Yegros adelantó al Cruz Azul en el partido, para igualar el global 2-2, lo que les daba el boleto a semifinales por la mejor posición en la tabla. Pero cuatro minutos después, con un cabezazo, Zague igualaba el marcador, para devolver al América la ventaja en la serie. Mientras el partido se enfilaba hacia el final, en las tribunas los reporteros empezaban a dar forma a sus crónicas, y asentaban lo que veían en la cancha.

"Marullerías", "destrucción", serán las palabras que en los periódicos se utilizarán para describir la manera en que las Águilas de Reinoso evitaron la insurrección de la Máquina, sobre el tramo final del encuentro.

Así estaban las cosas cuando Santibáñez entró al terreno de juego. Pronto llegará la oportunidad de demostrarle a su director técnico que ha entendido bien las instrucciones. Carlos Barra le envía a Galindo pase lateral en media cancha. Recuerda Víctor: "Me dio tiempo de medir justo la jugada para agarrar vuelo y tirarme la primer barrida. Alcanzó a saltar Galindo y recuperamos la pelota. Desde esa jugada estaba más al pendiente de que no le fuera a pegar. El marcador estaba empatado y la ventaja era nuestra en el global. Nulificando a Galindo, que era el orquestador, muy difícilmente nos podían hacer daño, y así fue. Eliminamos a aquel Cruz Azul que traía a muchos de los jugadores campeones del 97", añade.

Transcurrirán los minutos, y Santibáñez seguirá muy cerca de Galindo, quien no volverá a pesar en el partido, y aguantará la estrecha marca del joven debutante sin quejas ni reclamos.

Pasarán los años, y Santibáñez recordará con orgullo aquel debut inolvidable.

"Sí le sabía, el *Maestro* Reinoso. Al final del partido felicitó a todos. Él nos hablaba mucho de la casta del americanista y de jugar siempre al filo de la navaja. Y eliminamos al Cruz Azul campeón del 97", evoca.

LAS ENSEÑANZAS DEL CONFESOR

José Luis Sixtos se reconoce como un sobreviviente de otra época. Hace siglos, la imprenta difundió el saber por todo el mundo, pero acabó de a poco con los juglares y la magia de la oralidad.

La televisión y el internet revolucionaron de otra forma el saber pero, a cambio, disminuyeron el pensamiento complejo en los niños. La aparición del VAR y de la Ley Bosman le dieron otra dimensión a la justicia en el fútbol y terminaron cambiando para siempre el mercado de fichajes, lo que derivó que los equipos puedan tener una mayoría de extranjeros en la cancha.

Como sucede con los grandes inventos, solo el juicio del tiempo dirá si han sido más los beneficios que los perjuicios.

Sobreviviente del cáncer e hijo de un matrimonio de voleibolistas que representó a México en los Juegos Olímpicos de México 68, Sixtos añora los tiempos en que los Clásicos Cruz Azul-América eran una prolongación de la rivalidad que se había fermentado desde Fuerzas Básicas, por la gran cantidad de elementos canteranos que llegaban hasta la Primera División. Hoy, cuando Águilas y Cementeros se enfrentan, en sus nóminas existen más jugadores foráneos que nacionales.

Sixtos Lozano añora también aquellos días en que los rivales disputaban dos partidos al mismo tiempo: uno ante la mirada del cuerpo arbitral, y otra entre aquellos reductos clandestinos, ajenos a la vista de los silbantes, donde había de todo, escupitajos, burlas, provocaciones, codazos, patadas sin balón.

Hoy, con el ojo omnipresente del VAR, aquello se ha tornado en una práctica casi imposible. Pareciera que lo único inalcanzable al escrutinio del Gran Hermano en el fútbol es el pensamiento, mientras no se invente algún aparato que mida las frecuencias del cerebro para definir la intencionalidad en alguna jugada.

La charla con el ex defensa cementero no escapa al influjo de la modernidad. Ha empezado por celular, para trasladarse a la comodidad de los mensajes de Whatsapp, que permiten responder mientras se hace otra cosa, y dejan grabado el texto de tal manera que el escribidor ahorra tiempo para redactar por medio de un copy paste.

-¿Cuál es el Clásico ante América del que más te acuerdas?

Responde con cierta picardía.

"El de la falla de Kalusha...".

Se refiere a la legendaria jugada del volante ofensivo africano del América, quien estrelló el balón en el poste sin portero, cuando las Águilas eliminaron al Cruz Azul en los cuartos de final de la temporada 1995/96. El día fue el 21 de abril de 1996 y el marcador final fue 3-2 global a favor de los de Coapa.

Para goce de los cruzazulinos, el Ame fue echado en semis por Necaxa, que a la postre se coronó.

Después de una media hora de lugares comunes, Sixtos se sincera: "Antes nada más te cuidabas del árbitro y podías pegar más", dice. Llegó a la Primera División como compañero de camada de otros cruzazulinos célebres: Óscar Conejo Pérez y Francisco Palencia. También creció junto a Agustín Morales, Fernando Soto, Humberto Valdez y Alberto Guadarrama. En Fuerzas Básicas se la rifaban, desde entonces, contra el América de Cuauhtémoc Blanco, Germán Villa, Raúl Rodrigo Lara y Marco Antonio Sánchez Yacuta.

Aprendió a vivir con intensidad, influido por su gran mentor, el argentino Miguel Ángel Cornero, maestro de las buenas y las malas artes en la zaga, y a quien el narrador Ángel Fernández puso uno de sus apodos más célebres: el Confesor, en relación a que los delanteros tenían que ponerse a rezar o hincarse para recibir clemencia ante su rudo marcaje.

"Pasa el balón, pero no el hombre...", es la frase que los antiguos le atribuyen a Cornero para describir su filosofía de juego.

Reflexiona Sixtos: "Durante un partido se hace bulto, los rivales se estorban o se forcejea, y en esa condición salen codazos, jalones, cabezazos, etcétera, y es difícil ver todo para el árbitro. Pero ahora le avisan del VAR".

-¿Cómo aprende un jugador joven todo eso?

-A mí me enseñó mi gran profesor, Miguel Ángel Cornero.

-¿Te entrenó en Fuerzas Básicas?

-Sí, era respetado porque pegaba, por eso le decían el Confesor, porque para pasarlo se tenían que confesar, jaja. Sí fue mi profesor en Reserva Central y en Reserva Profesional.

Cornero también tenía doctorado en Clásicos América-Cruz Azul.

Llegó en 1974 para el América, equipo con el que logró un título de Copa y uno de Liga en la temporada 1975/76. Más tarde pasó al archirrival Cruz Azul, institución con la que logró los campeonatos de las temporada 1978/79 y 1979/80.

"Siempre nos inculcó el amor a la posición y, obvio, a no voltearse cuando nos tiraban. Siempre nos insistía en la marca en ataque de los defensas, ver quién de ellos se quedaba y organizarse mientras se atacaba, porque muchos siguen la jugada donde va el balón y olvidan quién está con ellos, o cómo se mueven los delanteros rivales", explica.

Pero no solo eso les dejó Cornero como legado a sus pupilos.

"Él mismo contaba que amedrentaba a los rivales para que supieran que él estaba ahí. Era hablarles al oído, decirles de todo, que se desconcentren o empiecen a cuidarse de que no los vayas a patear. Pisarles los talones cuando están delante de ti o darles golpes en la espalda", describe. Todo eso vivía en los partidos contra el América, durante las innumerables veces en que se enfrentaron tanto en Fuerzas Básicas, como en Primera División.

No recuerda algún partido en especial, porque solía haber de todo. "Hubo conatos de broncas, empujones, uno que otro manotazo", dice. Con Cuauhtémoc Blanco se conocía tan bien, que sabía cómo sacarlo de sus casillas.

"Con Cuauhtémoc había más mentadas e insultos, porque creo que yo era el que menos lo dejaba hacer algo en la cancha", explica Sixtos.

-¿Cómo era la forma en que lograbas imponerte a Cuauhtémoc?

-Como defensa tienes que ver el balón más allá de sus fintas. Por eso no me dejaba ir, y yo era como él, igual de burlón, y no me engancha. Ya nos ubicábamos y sabíamos bien cómo era el otro, él era de insultos, de fintas con sus manos, pero al menos yo no caía.

Sixtos dice que tomaba muy en serio su papel de jugador, por lo que no acostumbraba saludarse con los rivales ni antes, ni después de un partido.

Hoy los tiempos han cambiado y se ha dado el tiempo de conocer mejor a quienes fueron sus acérrimos rivales en el América.

"Los conocí ya después de retirados, y todos son grandes gentes", se sincera.

Lamenta que la modernidad, ante la proliferación de jugadores extranjeros, haya acabado con aquellas grandes camadas que aprendían a odiarse desde los tiempos de las Fuerzas Básicas.

CAPÍTULO 4
TIGRES VS. MONTERREY

Por Óscar Sánchez

EL CLÁSICO REGIO QUE SE CONVIRTIÓ EN FUNERAL

Tigres se jugaba la categoría la tarde del 24 de marzo de 1996 y, paradójicamente, sería su más acérrimo rival el que se encargaría de sentenciarlo. Era el clásico regio 51. El estadio Universitario, la casa de Tigres, estaba a reventar y al momento del partido los universitarios aún tenían esperanzas de permanecer en Primera División.

Los auriazules peleaban codo a codo con el Morelia para mantenerse en el máximo circuito. Unos días antes, un bombazo de Juan Parra, de los Tecos de la UAG, los había mandado a "cuidados intensivos", pero el corazón Tigre latía para el derbi. Parra anotó un golazo que rompió un empate 0-0 en Guadalajara que llevó al coma a los Tigres cuando ya se jugaba el minuto 88 de ese partido.

Este clásico regio se jugó en domingo, un día atípico para la ciudad, debido a que el reglamento así lo dictaba, que todos los involucrados en el descenso jugaran a la misma hora. Morelia recibió en casa al Veracruz.

Una tarde con un sol que caía a plomo enmarcó la debacle para los Tigres y significó uno de los momentos más gloriosos para los Rayados.

Tigres sabía que esa podría ser su última oportunidad. Dejar ir un solo punto los sentenciaba. Si Tigres no ganaba y Morelia sí, se salvaba el equipo michoacano.

Arrancó el partido con un gran ambiente en el Uni, con un lleno total y un ambiente con mucho nerviosismo, pero empujando al equipo.

Al minuto 19 Omar Arellano encontró un balón fuera del área y se internó por el corredor derecho. Sacó un tiro-centro en diagonal que encontró la pierna de un rival y tras el desvío se fue al arco rayado, que era custodiado por la Bomba Rubén Ruiz Díaz.

El estadio, en su mayoría poblado por aficionados de Tigres, se llenó de esperanza. Había tiempo y ya tenían la ventaja.

Pero Monterrey tenía una hegemonía en ese momento muy marcada sobre los universitarios: 10 juegos fraternales sin perder, prácticamente los dominó toda la década, y lo hicieron notar con una rápida reacción.

3 minutos después, apareció por la banda derecha Raúl Aredes, quien tras un par de fintas mandó un servicio que prendió de aire Sergio Verdirame y anidó la pelota de manera violenta en el arco de Robert Dante Siboldi, para el 1-1.

Daba la impresión de que el estadio estaba ocupado completamente por aficionados de Tigres, pero tras el gol del Pibe brotaron cientos de banderas de los Rayados, principalmente en la zona central de la tribuna de sol.

Todavía no digerían el trago amargo los Tigres cuando, al minuto 25, su obituario se terminó de escribir.

Luis Miguel Salvador recibió de espalda al marco y fuera del área un servicio raso que no pudo controlar, la pelota se le elevó y la impactó de aire, con la espinilla, lo que resultó un disparo bombeado perfecto, para vencer a Siboldi y colocar el 2-1 que sería definitivo.

En la segunda mitad los Tigres se fueron al ataque más con ganas y determinación que con orden. Entre toda esa valentía futbolera dejaron muchos espacios y Rayados no mató porque no quiso.

David Patiño, Verdirame y Héctor del Ángel despilfarraron sendas oportunidades en el contraataque. Ya con el reloj casi en ceros Siboldi se fue a rematar en un tiro de esquina y aunque logró impactar, el balón se fue desviado. Esa imagen quizás es una de las más representativas de la temporada, un reflejo fiel de impotencia. Tigres luchó todo el torneo, pero la herencia que recibieron de los dos años anteriores fue un lastre demasiado pesado. De hecho calificaron a la Liguilla, etapa en la que fueron eliminados en cuartos de final por Necaxa, ya con su boleto a la División de Ascenso.

Morelia venció en casa 1-0 a Veracruz, con gol de su insignia Marco Antonio Fantasma Figueroa, y ante la caída de los Tigres se determinó que los felinos descendían, aun y con dos fechas más por jugar.

Arturo Brizio Carter dio por finalizado el partido e inició el drama.

Marco Antonio Chima Ruiz se tiró para llorar de tristeza, mientras que su rival, Jesús Cabrito Arellano, trataba de reconfortarlo, solo por mencionar una de las dramáticas postales que se plasmaron en el terreno de juego.

Increíblemente en el sonido local, tan pronto y terminó el partido, se tocó la canción "Se fue", un éxito del momento de la italiana Laura Pausini, pero que pareció una broma de muy mal gusto para el doloroso momento.

En el seno del Monterrey se vivía el otro lado de la moneda, y mientras los jugadores guardaban la compostura y declaraban que su deseo no era que descendiera Tigres, pero que querían ganar el Clásico, en las alturas el baquero Jorge Lankenau, presidente y dueño del equipo, opinaba lo contrario.

"Ahora que han bajado a la Segunda División esperamos que sus fans se unan a nosotros, para que puedan quedarse en la Primera División. Recuerden que al final todos los Tigres tienen rayas", declaró el directivo rayado en tono irónico.

EL REGRESO

Tigres jugó un año entero en la Primera División A y regresó con honores al máximo circuito de manera inmediata.

La historia ya es conocida: las poderosas empresas regiomontanas Cemex y Femsa se unieron para rescatar al equipo y formaron Sinergia Deportiva, que desde entonces administra al club. Femsa se separó en 1999 al tomar las riendas de Rayados.

Sinergia hizo un gran esfuerzo y mantuvo al 80% del plantel felino que había peleado la permanencia. Contrató a Alberto Guerra, un estratega mexicano cotizado, y lograron el título en los dos torneos, doblegando a Atlético Hidalgo y Correcaminos, para regresar a Primera División de manera automática.

Contrario a todos los pronósticos, el Volcán nunca se vació. La gente apoyó a Tigres en todo su camino al regreso llenando su cancha. El descenso tuvo un efecto positivo, la afición felina increíblemente creció. De entonces a la fecha, y de la mano de Cemex, las penurias y sufrimientos que tuvo Tigres se fueron convirtiendo en logros y satisfacciones para su gente.

Sin embargo, el descenso es una mancha indeleble en la historia del club universitario, y a la vez una presea sagrada para los del Monterrey.

ORÍGENES

El clásico regio que quedó asentado como número uno se jugó el 13 de julio de 1974 en el estadio Universitario.

La afición regiomontana por primera ocasión vio a sus dos equipos luchar por el orgullo deportivo y el resultado fue un emocionante 3-3.

El primer gol de los derbis regios lo anotó el felino Juan Ugalde, apenas al minuto 21, pero los Rayados, con más experiencia en el máximo circuito, respondieron con tres goles consecutivos de Paco Solís (2) y Alfredo Alacrán Jiménez.

La reacción de los universitarios, quienes jugaban su primer partido en el máximo circuito, no se hizo esperar y Alberto Rodríguez y Marcos Menéndez anotaron, este último a siete minutos del final, para que el primer derbi de Monterrey terminara con igualada a tres.

EL JUEGO MÁS IMPORTANTE

Rayados y Tigres se encontraron por primera ocasión en una final de Liga, en el Apertura 2017.

La tensión jamás había alcanzado esos niveles en la ciudad de Monterrey por un partido de fútbol. El frío diciembre del 2017 enmarcaba el primer enfrentamiento en la historia entre Rayados y Tigres por el título de la Primera División Mexicana.

Los equipos regiomontanos habían cohabitado en el máximo circuito desde 1974, pero nunca se habían topado en una Gran Final del campeonato.

Rayados fue el primer lugar general con 37 puntos y venía a tambor batiente, mientras que su contrincante había sido segundo, en la fase regular.

El equipo regio, dirigido por Antonio Mohamed, fue despiadado en las fases previas de Liguilla, eliminando por globales de 6-2 y 5-0 al Atlas y Morelia, respectivamente.

Por su parte, los felinos de Ricardo Ferretti acumularon 34 unidades y, ya en la postemporada, avanzaron por el criterio de la posición en la tabla al empatar el global 2-2 con León, en cuartos de final, y después vapulearon 4-0 al América, en la serie semifinal.

Así se definió la primera final regia en 43 años.

Los días previos, la tensión se podía palpar en todos lados, en redes sociales, grupos de Whatsapp y de viva voz. No había otro tema.

Rayados lucía superior y en Liguillas había dominado históricamente a los universitarios, pero esa generación de auriazules definitivamente estaba fabricada de otro material. Paradójicamente mucha gente de ambos bandos prefería que no se hubiera dado este choque por el título, quizás por el miedo a salir derrotado y soportar la dolorosa herida que dejaría la derrota, y luego llevar perpetuamente esa cicatriz. Otro temor generalizado era el de la violencia. En derbis recientes se habían presentado algunas trifulcas y, ante la disputa del máximo honor, había miedo de que todo acabara mal fuera del terreno de juego.

El 7 de diciembre del 2017 inició esa historia que parecía emergida de los sueños de los aficionados regiomontanos. Era el estadio Universitario el que vestía sus mejores galas, y con un inusual frío salvaje con aguanieve incluida, se jugó el que al momento era el Clásico más importante en la historia, el 114.

Apenas en el arranque del duelo los albiazules pegaron primero, y con un remate de Nico Sánchez a primer palo en el cobro de tiro de esquina a los 8 minutos de juego, los Rayados se pusieron en ventaja 1-0. Rápidamente la situación se emparejó, ya que al 23 los universitarios pudieron empatar. Enner Valencia fue derribado dentro del área para que se sancionara un penalti. Él mismo cobró y lo hizo de manera magistral. Con un toque sutil, sin fuerza y justo al centro, Supermán marcó el 1-1 aprovechando que el guardameta Hugo González se comió el engaño que inmortalizó el checoslovaco Antonin Panenka, en la final de la Eurocopa de 1976. El partido transcurrió con más tensión que emociones, y la situación finalizó 1-1. Todo quedó para el duelo de desenlace, que se jugaría en el flamante estadio BBVA, casa del Monterrey.

Rayados parecía haber salido ileso de la casa del rival y que en su estadio lo liquidaría.

Expulsados en el primer juego, automáticamente quedaron descartados para la vuelta Hugo Ayala, por Tigres, y Leonel Vangioni, de los Rayados.

Ambas escuadras cerraron filas y se prepararon para el duelo que se jugaría el domingo. Un día antes, Tigres decidió entrenar con acceso al público, y unos 36 mil hinchas se congregaron en el coso de la Universidad Autónoma de Nuevo León para enviar buena vibra al equipo previo a la vuelta. La gente se le entregó a Damián Álvarez, jugador veterano que se robó los corazones de los aficionados desde su llegada en 2010 y que había dejado abierta la posibilidad de retirarse al terminar el partido. Entre lágrimas, el Enano se despidió y prometió el campeonato a su afición.

El 10 de diciembre fue el día predestinado. Ese, que para unos sería el más célebremente recordado y que, para los otros, el más doloroso.

Monterrey buscaba revancha en su patio, el estadio BBVA, de Ciudad Guadalupe, después de que un año antes ya había perdido ante los Tuzos del Pachuca una final "en su casa y con su gente", término que, a la postre, se popularizó.

Ante el más acérrimo rival, se le presentaba al club regio la mejor oportunidad del desquite.

Escasamente habían pasado dos minutos de juego cuando Rayados anotó. Un trazo largo encontró el pecho de Rogelio Funes Mori, quien de espalda al arco y ligeramente fuera del área, lo bajó para que Dorlan Pabón con un bombazo de derecha pusiera el 2-1 global para las rayas. Parecía que las cosas se encaminaban para que los del "Turco" alzaran el trofeo. Más de 51 mil almas rugían en la tribuna y la atmósfera era inigualable ante la posibilidad de que el festejo fuera mayúsculo.

Pero entonces los Tigres comenzaron a jugar.

El equipo de Ferretti había disputado tres finales de Liga en los últimos tres años, además de la Libertadores del 2015. Los últimos dos diciembres había cargado el trofeo de campeón de la Liga MX, por lo que su experiencia en ese tipo de retos les dio el temple para manejar la situación.

Parecía que el escenario no le estaba pesando a los de azul y amarillo, que de pronto emparejaron la situación y comenzaron a tocar la pelota en todas las zonas de la cancha, su sello característico.

Rayados era famoso por su presión al rival desde su campo y su feroz ataque en contragolpe. Era muy difícil sacarles la pelota limpia desde el fondo, pero Tigres lo había hecho en la ida y empezaba a hacerlo en este partido.

El colombiano Francisco Meza había reemplazado a Hugo Ayala en la defensa central y tuvo una actuación sublime. Sus apariciones milagrosas para robar, estorbar y desviar tiros o jugadas de peligro lo convirtieron en el jugador del partido, aunque su labor no fue totalmente defensiva.

Primero apareció el chileno Eduardo Vargas, quien recibió un pase de Jesús Dueñas y, de primera intención y desde linderos del área -su distancia ideal- sacó un disparo que se le coló al arquero González y empató el juego 1-1 y el global 2-2.

Se rebasaba el minuto 30, y los Tigres habían ecualizado la eliminatoria, e iban por más.

Cuatro minutos después se presentó el tiro de esquina que llevaría a los Tigres a alcanzar la gloria. Dueñas tocó en corto a Rafael Carioca, quien tras controlar, envió un servicio preciso que encontró a Meza, quien de un martillazo certero envió el balón al fondo para el 2-1 (3-2 global).

El Pacho emergió de la banca para suplir al expulsado Ayala y para poner en camino al sexto título en su historia al Club Tigres.

Monterrey se fue al abordaje, pero la defensiva de los felinos se comportó a la altura, con Meza como baluarte y Nahuel Guzmán, su arquero, como salvador.

Al minuto 80 se vivió el máximo dramatismo, luego de que el delantero paraguayo Jorge Benítez, quien ingresó como relevo para buscar alternativas ofensivas, fuera derribado en el área universitaria por André Pierre Gignac y se decretó un penalti.

El escenario era el ideal para Monterrey. Avilés Hurtado, el refuerzo estelar del equipo y su principal arma ofensiva durante el camino a la final, fue designado para cobrar. Rayados había sufrido en el semestre por sus yerros desde el manchón. Previo al cobro hubo incertidumbre. Pabón le entregó en la mano el balón a Avilés. Por otro lado, Sánchez pareció pedir el disparo, pero nadie le hizo segunda.

Denotando inseguridad, Avilés se enfiló al balón y de parte interna mandó el balón a las tribunas muy arriba del ángulo superior izquierdo del arco de Nahuel, quien festejó echando los puños en alto al frente.

"La sacó a Tamaulipas, no lo puedo creer... ¿a dónde la mandó Avilés Hurtado?", se escuchó gritar en su relato al narrador de Televisión Azteca, Christian Martinoli, frase que quedó inmortalizada en el caló del clásico regio.

Los siete minutos restantes más el tiempo añadido se jugaron bajo el mismo tenor. Rayados desesperadamente lanzando balones al área y Tigres tratando de controlar la pelota, echándola lejos de su arco y consumiendo tiempo.

El reloj se agotó, cuando el balón estaba cerca del tiro de esquina sur del lado de la tribuna de sol. Tigres había logrado su máxima hazaña, coronándose en la casa nueva de los Rayados de Monterrey.

La emoción de los felinos encontró los máximos niveles. La gente se desbordó a las calles al festejo, y dentro del estadio el comportamiento de la gente fue ejemplar. Los Rayados asimilaron su derrota y los que se quedaron a ver el festejo universitario los aplaudieron. No se reportó ningún incidente violento en toda la ciudad.

Uno de los momentos más emotivos se vivió en el festejo, cuando el capitán Juninho se quitó su gafete y se lo puso a Damián, quien no salió ni a la banca, pero apareció en el festejo con su jersey y fue quien, entre lágrimas, levantó el trofeo.

Al día siguiente, y pese a que era lunes, día laboral, las calles se pintaron de azul y amarillo. Se organizó un desfile que arrancó en el estadio Universitario y finalizó en el Palacio de Gobierno, en la Macroplaza, la sede usual para los festejos.

Según cifras oficiales, más de 500 mil personas estuvieron presentes. En un templete instalado en la Explanada de los Héroes, Nahuel apareció con un atuendo verde y peluca rubia, para tomar el micrófono y conducir el evento.

La noche del 10 de diciembre del 2017 está guardada en la mente de todos los aficionados de Tigres como la más enorgullecedora de todas.

Coronarse ante su archirrival en su propio estadio significó una emoción indescriptible, quizás nunca pensada. Hoy ese recuerdo es su más grande tesoro.

DE CARLOS PARA CARLOS: LA VENGANZA DETRÁS DEL BAILE

En el diccionario personal de Carlos Hermosillo, existen dos palabras que retratan lo que fue como jugador. Ambas, como destino o coincidencia, inician con la primera letra de su nombre: Carácter, Clásicos.

En 18 años de carrera, el ídolo veracruzano es uno de los pocos futbolistas en la historia del fútbol mexicano que puede presumir de haber disputado todos los derbis del país.

Portando las playeras del América, el Monterrey, el Cruz Azul y las Chivas, su huella aparece indeleble en las principales rivalidades de México, acervo que incluye un capítulo que atesora con sabor especial, no solo por la tensión, el esfuerzo y el gozo que implicó en el momento, sino por ser un pasaje que lo retrata como futbolista. Un reto que la vida y el fútbol le darían la oportunidad de ganar en suelo regiomontano, enfundado con la casaca de rayas.

Iniciaba la última década del siglo XX. Hermosillo había conquistado los reflectores nacionales con el plumaje América y la selección mexicana. La puerta para emigrar al fútbol de Bélgica se le abrió en consecuencia, fichado por el Standar de Lieja. Tras una campaña de poca actividad europea decidió regresar, solo para reafirmar su leyenda como uno de los mejores anotadores de México.

Gracias a su cartel de goleador, su retorno a México le extendió un abanico de posibilidades, con varios clubes de élite pujando por sus servicios. Que si volvía al América, que si Cruz Azul se lo llevaba, que si el Atlante aventajaba...

Su destino final sería el Monterrey, en una de las primeras contrataciones bomba de la época moderna del club, que delineó el actual perfil poderoso de los albiazules en los mercados de fichajes. Una contratación que resultó un auténtico golpe en la mesa, y que sumergiría al veracruzano en un duelo personal contra detractores inesperados.

Mucho tiempo lo calló, pero hoy Carlos lo cuenta sin empacho. Justo antes de ponerse la de rayas, Hermosillo tenía la mesa servida para vestirse de Tigre, club donde tenía puesto un pie y la mitad del otro. El trato se cayó sorpresivamente. Ese cambio de rumbo le costaría una rivalidad enconada con el chileno Carlos Reinoso, técnico de aquel tiempo de los felinos, y quien fuera su mentor en el América años atrás.

"Cuando yo llego a Monterrey, Tigres me quería, y la verdad me gustaba la idea. Todo estaba dado, pero así pasó al final, no se pudo. Todo iba bien, pero al momento de ver los últimos detalles para cerrar con Tigres, me dicen que no, que me tengo que esperar y no sé qué. Me le dieron vueltas a la contratación, y ahí es donde todo se frenó de mi parte", confiesa el goleador en entrevista.

Se venía la campaña 1990/91. Los de la UANL, en una etapa ambiciosa, se armaban con Reinoso como entrenador. Un eje de ataque era la prioridad del chileno en su promesa de hacer campeón al plantel. Qué mejor para satisfacer la posición que la llegada de Hermosillo, jugador al que vio nacer futbolísticamente, y al que debutó en el América en 1984. Pedirlo a la dirigencia era parte de un plan ambicioso en la Liga. Verlo partir de su órbita para enfilar con el acérrimo rival, fue una onda de choque que sacudió las antiguas oficinas de los directivos universitarios.

"En esa espera por ver si Tigres volvía a retomar las pláticas, aparece el Monterrey conmigo, y en la primera junta que tengo con la directiva del Monterrey, todo caminó bien y yo me arreglo con ellos. Firmé con Monterrey, y Carlos Reinoso se enojó conmigo y me lo dijo. Empezó a decirle a muchos en el medio que no fui leal, y no sé qué tanto. En ese entonces le pregunté que por qué no fui leal, si yo venía regresando de Europa y quería jugar. Yo de Tigres no decía nada entonces, por respeto, pero la realidad es que lo puedo decir: había un pre arreglo. Luego ya no me dieron respuesta y terminé jugando para Monterrey", dice.

La molestia acentuaba la polaridad de los clubes en una etapa donde el Clásico del Norte era ya una realidad. Aún no iniciaba el torneo, y ya Hermosillo era blanco del Maestro Reinoso, que comenzó a denostarlo públicamente, sin revelar lo que había pasado en el tema de la negociación.

"Se vinieron una serie de dimes y diretes entre Reinoso y un servidor, y la verdad me molestaba mucho, porque yo no había hecho nada desleal, y no quería responder por no ventilar lo que había pasado con la institución. Me molestaba mucho que se dijera eso de mí, porque tal vez en mi carrera pude cometer errores, pero nunca me distinguí por lo que me estaba acusando", dice el de Veracruz.

El calendario se convirtió en un compás de espera para ver frente a frente a los dos grandes protagonistas del momento en el antagonismo regio. La jornada 14 trajo la ansiada edición 38 del Clásico, con el jarocho y el andino acaparando reflectores.

El viejo estadio del Tec se vistió de gala aquel 22 de diciembre de 1990. El frío de la tarde contrastaba con la ebullición en la tribuna, a la espera de ver qué pasaba con unos Rayados que afinaban la versión original de la Aplanadora, ante unos felinos que no terminaban de dar color.

La presunta paridad en el armado de ambos conjuntos era un mito que se fue desdibujando con los partidos. Rayados llegó a la cita como sublíder general, con 18 unidades cosechadas, solo una debajo de Pumas, en el tiempo donde los triunfos daban dos puntos. Tigres se caía a pedazos con solo ocho puntos en su balance, producto de dos victorias, cuatro empates y siete derrotas.

Un triunfo rayado no solo representaría un paso firme para manejar la segunda vuelta del calendario, sino que hundiría más el proyecto de Reinoso con los auriazules, ya con la presión en todo el entorno. Era obvio que había más que orgullo en juego. "Tigres no quería perder, pero sobre todo no quería que yo anotara. Eso nosotros lo usamos a favor, aunque a mí me costó entenderlo al principio", certifica Hermosillo.

Viejo conocido de Reinoso, y con la rivalidad reciente, el goleador sabía que en el Clásico le esperaba un trato especial de los defensores de Tigres. Pedro García, técnico rayado de aquel tiempo, también jugó un papel vital en la batalla al diseñar un traje a la medida de lo que buscaba el rival.

En un principio le desconcertó el plan: "El técnico de nosotros era Pedro García, y en la semana antes del partido contra Tigres me dice: 'Carlos, este Clásico lo vas a jugar de volante', y le dije: Cómo, si yo soy centro delantero. Venía haciéndolo bien, no le veía el porqué al movimiento de quitarme de mi zona en un partido tan importante. Me dijo: 'Carlos, vas a llegar de atrás, y verás cómo se te clarifica la portería, confío que vas a anotar'".

La estrategia estaba lanzada para el encuentro, aunque Rayados recibió un golpe de los llamados de vestidor para ejecutar su plan. Aún no se cumplían dos minutos del partido, cuando Roberto Gasparini, en un tiro de esquina por la izquierda, puso un balón cerrado al primer poste rayado, y tras una peinada el defensor Dante Juárez apareció de cabeza casi sobre la raya de meta para poner el 1-0 que alimentaba las esperanzas de una hombrada felina. Monterrey estaba herido, pero no cambió su idea. Desde la banca, García alentó a los jugadores a mantener la concentración.

"Yo me sentí raro jugar de medio. Pero los jugadores que tenían que marcarme, que uno de ellos era Aarón Gamal, tenían que ir a buscarme hasta el medio, y se notó el desorden", dice.

-¿Crees realmente que te mandaron parar a patadas?

"Sí, pero eso yo ya lo sabía. Acuérdate que yo debuté con Carlos Reinoso, fue lo mismo que mandó a hacer cuando fuimos campeones con Cruz Azul (ante León en 1997). A Lupe Zavala y Aarón Gamal, se notó que a eso los mandaron, pero a todos ellos los conozco muy bien, y también sabían perfectamente que no era un jugador que me dejara. Ahí estuvo el partido".

Al minuto 28, y tras sobreponerse al marcaje más bravo en su aventura regia, el de Cerro Azul orquestó un avance que culminó con un tiro de esquina por la izquierda. Francisco Javier Abuelo Cruz ejecutó corto, Sergio Lira rechazó por Tigres, el rebote lo tomó Alberto Guamerú García, quien filtró inteligentemente de nuevo al Abuelo, para romper el fuera de lugar y enfilar por el corredor del área y después poner un centro tendido al manchón penal, donde Hermosillo –llegando de atrás como le dijo su técnico– pudo ganar por alto a Gamal y chocar el balón con destreza billarística, para el 1-1 de los de casa.

La tarea se había cumplido. No importaba quién se llevara el Clásico. La misión de que Hermosillo no anotara, y menos de cabeza, había sido resuelta por la táctica de un entrenador, el apoyo de sus compañeros y, sobre todo, el temperamento del atacante. Su festejo fue dedicado al entrenador rival, Reinoso, que lo había calentado desde antes del inicio del torneo.

"Yo me liberé bastante con ese gol, porque sabía lo que significaba. Cuando vi que la pelota entró empecé a bailar y comencé a apuntar con el dedo a la banca y hacia arriba a la zona del volado, porque Reinoso no estaba en la banca, estaba allá arriba. Así tenía que ser por lo que había pasado", recuerda.

El viento cambiaba de dirección. La tribuna local celebraba en grande. Aun sin ser captado por las cámaras, la molestia de Reinoso fue clara tras fallar su prioridad. Gamal fue relevado del campo para dar paso a Francisco Romero.

Pero la táctica rayada se mantenía y Hermosillo estaba en su tarde. Tras una fusilata que le tapó el portero de la U, Ángel Comizzo, otra vez el goleador y su juego aéreo serían claves para el segundo tanto rayado, este, una obra de arte que sigue siendo considerada una de las mejores joyas en la historia de la rivalidad. En un cobro de falta apenas un metro adelante de la línea central, Félix Cruz mandó un telegrama elevado a la media luna, donde Hermosillo -otra vez llegando de atrás- ganó de cabeza y el balón le quedó de aire a Bahía, quien tras jalarlo de "taquito" y sin dejarlo caer se tiró una contorsión en el aire, una chilena circense y digna de videojuego, que coronó con la pierna zurda para poner el 2-1 en una tarde ya memorable. Tigres se desmoronaba.

Aún había más para el rayado de la playera 37. En una descolgada de Germán Martellotto, Rayados cruzó el campo con total verticalidad al minuto 76, y el Tato Noriega cedió a la derecha para culminar la acción. Hermosillo —llegando otra vez de atrás— fusiló de pierna derecha a Comizzo para el 3-1. Tres goles rayados, dos anotados por Carlos, y otro servido por él. El que pudo ser su refuerzo estelar, se convertía en el verdugo de Tigres aquella noche de invierno.

Monterrey finiquitó la masacre con otro gol del Guamerú. El marcador de 4-1 quedó para la historia, con factores que hasta años después saldrían a la luz. Aunque mejoró en la segunda vuelta, el cuadro felino terminó con 36 puntos en 38 encuentros eliminado de toda posibilidad de calificar. Reinoso no pudo cumplir su promesa de hacer campeones a los Tigres y salió de la institución. La Pandilla fue sublíder con 47 unidades, saldo de 18 victorias y 11 empates y murió en cuartos de final. Hermosillo solo duró un año en la institución, pero cerró con 20 goles en su cuenta, sublíder del departamento individual, seis debajo de Luis García, entonces con Pumas.

El recuerdo provoca una sonrisa en Hermosillo, quien hoy está en paz con Reinoso, después de haber protagonizado varios desencuentros a su paso por las canchas.

"Me emociona mucho acordarme, también por la forma en que se vive el Clásico en Monterrey, se habla de él desde semanas atrás. Pero la verdad es que ahí se habla de eso todo el tiempo, y se agota todo, es increíble esa parte. Yo disfruté mucho ese Clásico aunque estuve poco tiempo en la ciudad, pero me dejó esas anécdotas que sigo disfrutando y que mucho tiempo no quise hablar".

"Con Reinoso no tengo hoy más que palabras de elogio. Al fin y al cabo yo soy una gente agradecida, y él fue el que me debutó, y el que me enseñó, y el que me dedicó tiempo, y es una persona que sinceramente sí aprecio. Siento que somos iguales, dos ganadores muy temperamentales. Entonces, en aquel tiempo, él mandó a hacer lo suyo, y yo me preocupé por lo mío. Sí nos dijimos cosas muchas veces, también con Cruz Azul y en América, pero yo siento que aprendí algo. Dentro de la cancha todos son mis enemigos, fuera de la cancha pueden ser mis amigos. A la hora del partido así fui siempre: si tengo que meter la pierna fuerte, perdón, pero la voy a meter. Y eso, en los Clásicos, no se puede dejar afuera", sentencia. (Esta entrega la escribió Óscar Adrián Velázquez)

REVANCHA AMERICANA

La mayoría pensó que una oportunidad de revancha para los Rayados después de la final regia llegaría después de muchos, muchos años, pero no fue así.

Transcurrieron 1 año, 4 meses y 19 días para ser exactos, para que de nueva cuenta el Monterrey tuviera enfrente a su archirrival, los Tigres, en una final. Fueron exactamente 507 días los que pasaron después de esa final regia en la que los universitarios lograron su sexto título de Liga, hasta la final de la Concachampions 2019.

La Liga de Campeones de la Concacaf fue el torneo que volvió a enfrentar a los dos equipos de Monterrey. Los albiazules, en la búsqueda de su cuarto título del evento, y los felinos apenas por el primero.

La Conca era precisamente el objeto de deseo de los auriazules, ya que, pese a estar en su década dorada, habían perdido dos finales de este evento previamente. El campeón, como cada año, representaría a Concacaf en el Mundial de Clubes.

Desde que surgió el calendario de juegos, los aficionados analizaron las llaves y los equipos regiomontanos solo se podrían enfrentar en la final... y sucedió.

Tras eliminar con contundencia 10-2 en el global al Sporting Kansas City, el equipo rayado de Diego Alonso se ganó el boleto para jugar la final.

Tigres, por su parte, derrotó 5-3 a Santos en el global y logró el derecho de disputar el título ante Monterrey. Tigres perdió el partido de vuelta de la semifinal, por lo que perdió el derecho de cerrar la serie por el título en casa.

El 24 de abril del 2019 arrancó la primera batalla por la supremacía de la zona futbolística a nivel clubes y por el orgullo futbolero de Monterrey. Tigres prescindía de arranque de su máximo astro, André Pierre Gignac, quien sufrió la lesión más seria de su carrera en Tigres y lo había alejado casi dos meses de las canchas. Para la final, venía con dos partidos de Liga completos jugados, pero su ritmo futbolístico no estaba a punto todavía.

Rayados planteó y ejecutó de maravilla su plan de juego en *El Volcán* y durante el primer medio fueron mucho más peligrosos. Dominadores de la primera parte, encontraron un premio justo casi al expirar los primeros 45 minutos, cuando Nicolás Sánchez, el bastión de su defensa y principal figura, se levantó en el área de los felinos en un tiro de esquina, y con un cabezazo certero puso el 1-0 al minuto 44. Sánchez eludió la marca de Francisco Meza y entre una nube de Tigres se elevó para martillar perfecto la pelota directo al ángulo izquierdo del arco de Nahuel Guzmán. Antes, Nico había avisado al estrellar un disparo en la base del poste de Nahuel en una internada por sorpresa.

Para el complemento los felinos, con la obligación de ir por el empate, se lanzaron con todo sobre el arco de Marcelo Barovero. Monterrey pareció replegarse, aunque quedará la duda eterna de si lo que lo hizo retroceder fue el ímpetu del contrincante. Ricardo Tuca Ferretti, el entrenador de los Tigres, hizo ingresar a Gignac ya con el segundo tiempo en marcha y los embates de su equipo fueron cada vez más peligrosos. Con el ariete francés en el terreno los locales poco a poco se dejaron sentir más fuerte en el arco rayado, y con el impulso de más de 41 mil aficionados que llenaron el estadio Universitario fueron más incisivos. Sin embargo Monterrey salió ileso.

El equipo rayado obtuvo una ventaja mínima, pero que le permitiría en su estadio poner las reglas del juego. La disyuntiva de los Rayados era si salir por un gol y matar a los felinos, ya que los obligaría a hacer tres para ser campeones, o ser precavidos y esperar a los de amarillo, con el peligro que esto conllevaba, y tratar de cazarlos en la contra. El 1 de mayo, después de un impresionante despliegue de tecnología para un espectáculo de luces previo, se jugó el duelo de campeonato y por el pase al Mundial de Clubes 2019.

Otra de las interrogantes que giraba en torno al arranque del partido era si Ferretti mandaba desde el inicio a Gignac, pero prefirió guardárselo.

Rayados comenzó atacando con firmeza. En los primeros minutos no mostraron ganas de agazaparse. Rápidamente consiguieron el gol que marcó la pauta del resto del partido, y que los encaminó a la corona. Corría el minuto 23 cuando Rodolfo Pizarro, uno de los mejores del evento, tomó la pelota en el pico del área grande, por el lado izquierdo, y realizó un recorte a Luis Chaka Rodriguez, quien dejó deslizar su pierna e hizo contacto sobre el tamaulipeco.

Se decretó el penal y Sánchez, quien a la postre fue nombrado el Jugador Más Valioso del torneo, tomó la responsabilidad de ejecutar el cobro. Frente a él estaba Nahuel, un tipo que había sido vital para que los Tigres ganaran un par de títulos de Liga en tanda de penales. Nico lo tomó con calma. Se enfiló al balón y esperó ver a dónde se movía su compatriota, y al ver que el Patón se vencía a su izquierda, tocó suave y raso por el centro, ligeramente para el lado derecho, e hizo el gol que a la postre sería la diferencia.

A partir de ahí Rayados ejecutó una estrategia de manejo de partido, mientras que los universitarios se fueron al abordaje. Para el inicio de la segunda mitad Ferretti envió a la cancha a Gignac. El francés pronto comenzó a hacerse notar. Quizás la jugada que marcó la diferencia en la serie se vivió al minuto 56. Rodríguez envió un centro desde la derecha y dentro del área el atacante galo se suspendió en el aire para rematar directo al ángulo inferior izquierdo del arco albiazul. Fue entonces donde Barovero se vistió de héroe. El argentino, a contra pie, se lanzó y manoteó de botepronto la pelota, casi con su guante pegado al césped, para alejar el peligro. Gignac elevó la mirada al cielo y se lamentó, mientras el BBVA se encendió como rociado con gasolina.

Los felinos siguieron insistiendo pero esa noche era de los Rayados.

A cuatro minutos del final Tigres le metió suspenso a la escena, después de que Gignac, con una espectacular media tijera, anotó el 2-1 que quitó sonrisas en las alturas; otro gol y habría alargue. Pero Monterrey tuvo el aplomo para aguantar los últimos minutos y mantuvieron la ventaja. Llegó el silbatazo y la euforia no se pudo contener. Había revancha ante el acérrimo rival y muy rápido. La Concachampions, ese torneo que tan bien se les ha dado, los reivindicó con sus aficionados.

Antes de eso parecía que cada vez había menos expectativa para ver los partidos del equipo a rayas, pero esa victoria hizo recobrar mucha ilusión entre sus hinchas. Los dos equipos estaban en puestos de Liguilla en ese momento y había muchas posibilidades de que se volvieran a encontrar pronto. Las posibilidades de que, ahora en la Liga, se volvieran a reunir a los regios en una serie de eliminación directa eran muy altas.

La ciudad de Monterrey era el epicentro del fútbol mexicano en esas fechas, y tras ese partido, el destino volvió a juntar a sus equipos en una fase eliminatoria. La semifinal del Clausura 2019 eligió a los mismos protagonistas de la final de la Conca. Los Clásicos regios seguían llegando en cantidades industriales.

¿SE FUE A LAREDO?

Dos de los entrenadores de mayor prestigio en México dirigirían la edición del Clásico Norteño 87, en el estadio Tec, casa de la Pandilla.

El argentino Ricardo La Volpe comandaba al Monterrey y el mexicano Manuel Lapuente a los Tigres, un par de entrenadores que han dejado escuela en nuestro país.

Previo al partido, La Volpe hizo una declaración que quedó grabada en la historia de la rivalidad regia: "Si tenía que ver a Pumas en su momento, iba a ver a Pumas, porque tenía movilidad, dinámica y muchas cosas; si en su momento fue Cruz Azul, iba a ver a Cruz Azul, pero si tenía que ir a ver a Tigres, me voy a Laredo de compras", dijo el Bigotón haciendo referencia a que Tigres practicaba un fútbol aburrido.

Llegó el día del partido, el 18 de octubre del 2008, jornada 13 del Apertura de ese año.

Al minuto 74 el rayado Carlos Ochoa anotó en gol que abrió el marcador. Hasta ahí todo iba dentro del *script* de La Volpe.

Sin embargo los Tigres sacaron las garras y lo mejor estaba por venir.

Lapuente, fiel a su costumbre, tenía un as bajo la manga.

Lo sacó e hizo póker.

El novato Francisco Acuña apareció en la imaginaria listo para entrar con el número 50 en los dorsales de un uniforme que mínimo era dos tallas más grande de la que usaba. Sería su debut en el máximo circuito.

El menudo jugador sorprendió a los Rayados y a La Volpe. Con una habilidad endemoniada le cambió el rostro a Tigres. Primero le cometieron una falta que derivó en el gol del empate. Después lo derribaron en el área albiazul para que Francisco Chacón, el árbitro, decretara el penal que cambió por el 2-1 Lucas Lobos.

Ya el chamaco tenía locos a los defensas rayados y Ochoa no aguantó más. A 6 minutos del final le dio una patada artera en la espinilla para que el delantero rayado se ganara la tarjeta de expulsión.

Lobos ejecutó el tiro libre sorprendiendo a Christian Martínez, e hizo el 3-1. El sonorense culminó su noche de ensueño anotando su primer gol en la Primera División. José Rivas rescató con una barrida un balón que parecía se iba por la línea de meta y el centro pasó entre los defensas para que Acuña, de primera intención dentro del área, hiciera el 4-1 y rubricara su memorable debut.

Al término del partido el contención de Tigres Lucas Ayala le respondió a La Volpe.

"Creo que La Volpe se equivoca, tiene que ser más humilde o menos bocón, menos hablador. Lo callamos y a ver qué dice ahora. Ya se puede ir tranquilo a Laredo, que agarre sus cosas y se vaya, y si puede comprar que me traiga algo, pero que no sea tanto, porque el dólar está caro", remató Ayala.

LA PASIÓN NO TIENE GÉNERO

Si para muchos el clásico regio es de los más pasionales del fútbol mexicano, al nacer, el de la rama femenil no desentonó.

Desde sus orígenes en 2017, los enfrentamientos entre Rayadas y las Tigres han estado cargados de emociones y adrenalina, del mismo nivel o incluso mayores que los de los varones.

Apenas en los primeros dos años de existencia de la Liga MX femenil se jugaron dos finales entre los equipos de Monterrey, que sirvieron como excelentes escenarios para demostrarle el mundo de lo que se trata un derbi regio.

En el duelo que resolvió la primera de las finales se asentó un récord mundial para un partido de fútbol femenil de clubes profesionales, cuando 51 mil 211 aficionados presenciaron en el estadio BBVA la primera de las dos coronaciones de Tigres.

Dramatismo, entrega, pasión y buen fútbol han enmarcado la historia que arrancó el 4 de mayo del 2017 con un triunfo de 4-3 de las universitarias sobre Rayadas, en un Torneo de Copa que sirvió como preámbulo para el arranque de la Liga.

FELINAS EMULAN A SUS HERMANOS

Con el recuerdo fresco de la primera final regia en la historia del fútbol mexicano, en la rama femenil el destino también preparó la de damas.

A finales del 2017 Tigres logró su sexto título de Liga, venciendo a los Rayados en su flamante casa, y para mayo del 2018 las chicas ya estaban disputando su propia final regia.

La escuadra regia de Héctor Becerra logró el súper liderato de la competencia con una suma de 34 puntos, mientras que Tigres, dirigidas por Osvaldo Batocletti, fue tercer lugar con 31 unidades. Cohabitaron el Grupo 2, del cual fueron las calificadas a la Fiesta Grande.

Para avanzar, en semifinales Monterrey echó a Toluca y la UANL al América.

El estadio Universitario fue sede del duelo que abrió la final, que resultó un partido de volteretas. Tras un gol tempranero de la felina Belén Cruz, las rayadas vinieron de atrás y anotaron, por conducto de Rebeca Bernal, de penalti. La goleadora Desireé Monsiváis, le dio la voltereta al partido.

Cuando ya se jugaba el minuto 93, la mediocampista felina Carolina Jaramillo cobró un tiro libre al corazón del área, para que la defensora Vanessa López, de manera involuntaria, clavara el balón en su portería y que el empate 2-2 dejara todo para el desenlace.

El 4 de mayo del 2018 el BBVA lucía esplendoroso. Con una entrada récord, las chicas salían por la gloria del fútbol regiomontano y del país entero. Previo al encuentro se vivieron momentos muy emotivos en el vestidor de las visitantes. Las Tigres planearon una sorpresa para su entrenador. Ese sería el último partido de Bato en el banquillo, algo que fuera de las paredes del vestidor muy pocos sabían. Batocletti, dos veces campeón como jugador con Tigres y una de sus figuras más emblemáticas, iniciaría un tratamiento contra el cáncer que recién le habían detectado. Debido a su enfermedad decidió hacerse a un costado para poder concentrarse en su recuperación y que el equipo no tuviera contratiempos en el futuro. David Frech, uno de los directivos responsables del equipo femenil de Tigres, se encargó de distraer al estratega argentino mientras sus muchachas preparaban la sorpresa en los minutos previos al juego decisivo. Bato ingresó al vestidor y las jugadoras portaban una camiseta con su rostro, algo que lo conmovió hasta las lágrimas. Luego la capitana Liliana Mercado y Nayeli Rangel le dedicaron unas palabras previo a saltar al terreno de juego, para que ese *meeting* acabara con todas abrazando al gran Bato.

Después de la sacudida que esa bomba de emociones les trajo, saltaron al terreno de juego hechas unas fieras.

Lizbeth Ovalle abrió el marcador al minuto 19, tras capitalizar un contragolpe formidable que inició en un tiro de esquina a favor de Rayadas, y finalizó segundos después con un bombazo suyo pegado al larguero del arco de Claudia Lozoya, la portera albiazul. A cinco minutos del arranque del segundo tiempo la rayada Bernal ejecutó un penalti que le había cometido la portera Ángeles Martínez a Monsiváis y emparejó los cartones 1-1.

Luego, al 78 la recién ingresada Katty Martínez recibió un pase filtrado de Ovalle y entrando al área cruzó por abajo a Lozoya, para el 2-1 que parecía enfilar a las felinas al campeonato. El Monterrey a partir de ahí se convirtió en una tromba que, sin piedad, lanzaba su furia sobre el arco de Ángeles. El dardo que les clavó Katty en pleno corazón no fue suficiente.

A instantes de que el reloj alcanzara los 4 minutos que se habían pactado como tiempo añadido, la mediocampista Noralí Armenta remató de cabeza para anotar de manera dramática el empate, 2-2. Pocas veces el BBVA había sonado como lo hizo después de ese gol. Había que elegir a la reina en penales.

Bernal, quien había acertado dos cobros en la serie, abrió por Monterrey y ahora su tiro fue atajado por Martínez; más tarde Noralí voló su disparo. El campeonato llegó para Tigres con el cobro de Liliana Mercado, el cuarto, después de que sus antecesoras Rangel, Nancy Antonio y Natalia Villarreal habían anotado.

Durante el festejo Batocletti recibió el trofeo de manos de Sully y Nayeli, enmarcando una de las más memorables estampas de la noche.

Tigres femenil repetía la afrenta que habían conseguido sus hermanos al coronarse "en su casa y con su gente", frente al acérrimo rival.

VA POR BATO

Justamente un año después se alinearon todos los elementos del balompié regiomontano, se repitió la final regia de damas. El Clausura 2019 finalizó con Rayadas y Tigres luchando por la supremacía de la ciudad y de la Liga MX femenil.

Las chicas de Tigres llegaban con la herida que habían sufrido en el Apertura 2018, después de que su sueño del bicampeonato fue arruinado por el América. Las capitalinas echaron a perder la temporada invicta que había logrado el equipo que ahora dirigía Ramón Villa Zeballos, al coronarse en tanda de penales en El Volcán felino. Esta era la oportunidad del desquite para las Rayadas de Tito Becerra. Otra final cerrando en casa y ante el acérrimo rival, que ya se las debía.

De nueva cuenta, el Monterrey fue el superlíder del torneo, ahora con una impresionante cosecha de 41 puntos, mientras que las felinas fueron tercer puesto general, con 36 unidades recolectadas. Rayadas solo perdió un partido en la fase regular.

Las regiomontanas eliminaron con global de 5-1 a Pumas, luego avanzaron por el criterio de posición en la tabla en las semifinales con un empate en la serie de 3-3, frente a Pachuca.

Por su parte, Tigres eliminó al Puebla con un contundente 4-1, y luego le recetó un 5-1 a las Águilas, para ganarse el derecho de jugar su tercer final de cuatro posibles y tercera consecutiva.

La semana previa a la Gran Final la salud de su querido ex entrenador Osvaldo Batocletti comenzó a deteriorarse, hasta llegar a fase crítica.

Queda en la memoria de todos los aficionados aquel último tuit que publicó dedicado a sus niñas:

"Chicas, desde donde esté, ESTOY con ustedes, éxito, chicas", posteó el 10 de mayo del 2019, el día del juego. Batocletti Ronco falleció una semana después.

Cuando arrancó la ida de la segunda final regia femenil en la cancha del Universitario, de nueva cuenta se decretó un empate, ahora 1-1.

Primero fueron las Tigres las que pudieron anotar, luego de que en un tiro de esquina que Sully cobró muy cerrado a primer poste, la defensora Alexia Frías peinó la pelota y marcó un autogol, con el que Tigres tomó ventaja al minuto 63. Rayadas respondió con un fogonazo de Selena Castillo desde fuera del área, que se incrustó en el ángulo superior derecho de la arquera Ofelia Solís, y al minuto 70 se decretó el empate que prevaleció al final.

Tal y como un año antes, el título se definiría en la casa de las Rayadas.

El lunes 13 de mayo el BBVA volvió a vestirse de gala para recibir la segunda edición del partido por el título de la Liga MX Femenil entre los dos equipos regios.

Monterrey salió con la convicción de coronarse por primera vez en su historia, y de paso reafirmar su gran temporada regular. Tigres emergió del vestidor con la idea de repetir lo de un año atrás y cobrar venganza de lo que había sucedido el semestre anterior.

Rayadas tuvo una jugada muy cara de gol al arranque del partido pero no pudieron concretar y eso pudo haber cambiado la historia. Monsiváis se escapó por el centro y entrando al área, con la marca de dos defensoras y la arquera Solís encima, machucó su disparo, en el camino encontró a la experimentada Dinora Garza, quien quedó frente al marco. Solamente Selene Cortés se interponía entre ella y la portería felina, y la encaró y sacó su tiro, el cual fue bien defendido por la zaguera auriazul, quien desvió con su pierna derecha a saque de esquina. Aún no se llegaba al minuto 3 del partido.

Cinco minutos después, en un contragolpe fugaz, la espectacular Ovalle se escapó por la izquierda, y tras un recorte, sacó un envío preciso que encontró a Blanca Solís en el área albiazul, quien de cabeza inauguró el marcador. Doce minutos después las felinas resolvieron la eliminatoria. Ovalle recibió de pecho dentro del área, cargado al lado izquierdo, y de primera intención sacó un fogonazo que se incrustó en su poste más lejano para el 2-0.

Tigres dominó los primeros 45 minutos e incluso dio la sensación de que perdonó a las anfitrionas.

En el complemento la necesidad de Rayadas las hizo empujar al frente, con el riesgo en su meta que esto conlleva, y en su insistencia encontraron premio. Un despeje de Lozoya, combinado con un toque sutil de Desireé, dejó sola a Alicia Cervantes, quien a velocidad se enfiló unos 20 metros rumbo al arco de Ofelia y la fusiló de zurda para acercar 2-1 al Monterrey. Los minutos finales fueron emocionantes, las universitarias tuvieron para sellar el triunfo pero no pudieron hacerlo. Sully estrelló un disparo en el larguero, Ovalle tiró demasiado cruzado en una ocasión clara, y Martínez le robó el balón a la portera pero tiró sin ángulo y no pudo anotar.

Esto por poco y les cuesta, ya que al minuto 94 Daniela Solís se escapó por la izquierda y tiró una diagonal que le quedó poco adelante a Desireé y atrás a la llegada de Armenta, para que se escurriera su mejor chance.

Se escuchó el silbatazo y el festejo de nueva cuenta fue amarillo y azul, un festejo que en esta ocasión tuvo un dejo de nostalgia, ya que todas sabían lo que estaba viviendo su ex entrenador. De manera unánime, las jugadoras expresaban ante las cámaras que el campeonato era dedicado al argentino, quien obviamente no las pudo acompañar en el estadio.

Días después la ciudad y el fútbol mexicano recibió la triste noticia del fallecimiento del recio ex zaguero y ex entrenador, algo que sacudió a la afición al fútbol, principalmente la regiomontana.

Muy rápidamente, las futbolistas de los equipos de Nuevo León se distinguieron entre sus rivales.

Hoy por hoy no hay un Clásico femenil en México que genere más pasión que el de Tigres contra Rayadas.

RAYADAS POR FIN LEVANTAN LA COPA

Y llegó el desquite de las Rayadas.

Era claro que los equipos de Monterrey dominaban la Liga MX femenil, y en el Apertura 2019 Rayadas y Tigres repitieron en la serie por el título, y la tercera fue la vencida para las albiazules.

De nueva cuenta, el estadio BBVA fue el escenario de una nueva fiesta futbolística en Monterrey, y ahora sí las locales pudieron cargar el trofeo.

En la fase regular, el equipo de Héctor Becerra había superado su propio récord de puntos, ahora con una suma de 48, tras una campaña en la que tuvieron una foja de 16 triunfos sin empates y dos derrotas, por lo que una vez más lucían favoritas.

El clásico rival, las felinas, también tuvieron una gran campaña, en la que solo perdieron un juego y sumaron 43 puntos, por lo que otra vez la final regia lucía espectacular.

En la ida, tal y como sucedió en las dos ocasiones anteriores, se registró un empate, ahora 1-1 con goles de Belén Cruz y Annia Mejía, y todo se definiría, otra vez, en el Gigante de Acero.

El sábado 7 de diciembre Monterrey pudo redondear su extraordinaria campaña regular que había hecho, y con un gol solitario de Diana Evangelista por fin pudieron coronarse en la Liga MX femenil.

En la ida el dominio fue de Tigres y el empate parecía un gran negocio para las Rayadas, pero en el juego definitorio Monterrey desactivó al equipo de Roberto Medina y con el gol de Evangelista pudieron convertirse en monarcas por primera ocasión con gran mérito, ante 31 mil 376 seguidores que se congregaron en la casa rayada.

Al minuto 31 Dinora Garza robó la pelota en la salida de las universitarias, cerca del medio campo, y filtró a la derecha donde Evangelista, delantera vertical y contundente, apareció como un bólido; remató raso y cruzado para marcar el gol que sería el de la diferencia.

Este título se unió al de Rayados varonil en la Concachampions, obtenido en mayo del mismo 2019, con lo que marcaron una hegemonía sobre los Tigres, ya que en ese torneo los universitarios también fueron víctimas de los albiazules.

Días después del título de las Rayadas, Monterrey varonil hizo un gran papel en el Mundial de Clubes y después se coronó en la Liga MX, para que Rayados cerrara el mejor año de su historia.

Está claro que si se encuentran equipos de Tigres y Rayados en el terreno de juego, la pasión se eleva al máximo, sin importar género o categoría.

TRIUNFO VESTIDO DE FRAC

Previo a la edición 23 del duelo fraternal, a inicio de la década de los ochenta, los Tigres comenzaron con la guerra de declaraciones, mientras que los Rayados cautos no respondieron. Los felinos habían hablado en la prensa diciendo que iban a "bailar" al Monterrey, pero el equipo albiazul no cayó en el juego y preparó algo para el día del partido.

El 17 de septiembre de 1983 se jugaba la jornada 3 de la temporada 1983/84 y sorprendentemente, el equipo rayado, que dirigía Roberto Matosas, presentó a sus jugadores vestidos con elegantes trajes, algo inusual para la época. Al preguntarles el por qué de su atuendo, el capitán Rafael Xalapa

Ortega explicó: "Es que dijeron que esto iba a ser un baile, venimos vestidos para la ocasión".

Los Rayados con sus trajes reconocieron la cancha del Universitario previo al partido. En el césped los albiazules sí hablaron. Con un par de anotaciones del cañonero brasileño Reynaldo Güeldini, el Monterrey se fue a casa tan divertido como si hubiera ido a un baile, con el triunfo de 2-0 en la bolsa. Esa fue la primera ocasión en la historia de los enfrentamientos entre los equipos regios que un jugador hizo un par de goles de tiro libre. Güeldini se los hizo al legendario Mateo Bravo, "El Portero Volador".

GOLPES HASTA EN EL VESTIDOR

El Clásico 31 transcurría con relativa tranquilidad. Tigres ganaba 2-0 el partido, pero a siete minutos del final el silbante Marco Antonio Dorantes decretó un penalti a favor de Rayados. Era la jornada 34 de la temporada 1986/87.

Ricardo Ferretti cobró y anotó para acercar al Monterrey en el marcador, ante el júbilo de su afición reunida en el estadio Tecnológico.

Francisco Javier Abuelo Cruz fue por la pelota al fondo de la portería para tratar de que no se perdiera tiempo y que Rayados tuviera chance de empatar, pero el defensa auriazul Francisco Sánchez intentó quitarle el balón y se armaron los empujones.

Dorantes no dudó y expulsó a ambos jugadores, quienes camino al vestidor se volvieron a trenzar. Sánchez, al escuchar que Cruz se dirigió a él, pensó que lo había insultado y lo golpeó en el camino al vestuario. Al darse cuenta, varios de los jugadores del Monterrey fueron a defender a su compañero y el pleito se trasladó hasta el vestidor de Tigres, a donde Sánchez corrió a refugiarse. Guillermo Muñoz, Rafael Ortega y Pedro Campa entraron al vestidor de los universitarios, mientras que solo Tuca y Héctor Becerra permanecieron en la cancha por parte del Monterrey.

El entrenador felino Carlos Miloc ordenó a sus pupilos no salir del terreno de juego. El árbitro finalizó el partido y le dio el triunfo a Tigres 2-0 porque los Rayados incurrieron en abandono de cancha. Una verdadera joya de los Clásicos regios es un video de este partido en el que el periodista Guillermo Martínez, de Televisa Monterrey (y que al paso de los años fue presidente de Tigres), entró al vestidor a buscar a Sánchez, quien con el rostro golpeado y aún con su uniforme, se estaba duchando.

Miloc aparece en el video custodiando a Paco y es quien da la entrevista. "Como persona de fútbol, hombre de tantos años, así es el fútbol. No tenemos queja de ninguna naturaleza, ninguno de mis jugadores tiene queja de ninguna naturaleza (lo dice dirigiéndose al grupo), solo es... (y lanza una porra para Tigres acompañado del resto del plantel)... está todo listo ¿ok?", le dice el reportero.

Para la historia, el penalti que cobró Ferretti fue invalidado en la mesa, aunque se contabiliza en las estadísticas de los Clásicos.

REBASAN FRONTERAS

El torneo interliga del 2006 sirvió como escenario para que Tigres y Rayados se enfrentaran por primera vez fuera del estado de Nuevo Léon y del país.

La final del evento encontró en Carson, California, en Estados Unidos, al equipo felino comandado por Ricardo Ferretti y al Monterrey de Miguel Herrera, en la edición 80 de los Clásicos regios.

El premio al campeón era su boleto a la Copa Libertadores de ese año, por lo que tenía un gran interés en este duelo.

Monterrey se puso en ventaja a los 2 minutos de arrancado el cotejo, gracias a un golazo de Ricardo Martínez. La cosa se complicó para los universitarios en la segunda mitad, después de que Antonio Sancho salió expulsado al minuto 54. Parecía que la mesa estaba servida para que los albiazules lograran el título y el pase a la Libertadores, pero apareció la garra felina.

A 20 minutos del final el astro argentino Walter Gaitán logró el empate que, combinado con el gran trabajo colectivo de su equipo, les alcanzó para mandar todo a tiempo extra.

Arrancando esta instancia Jaime Lozano le dio la vuelta al marcador y puso a los Tigres, contra todos los pronósticos, en el camino del título. Tigres defendió cada milímetro de la cancha como una fiera. Logró el bicampeonato del torneo y, por ende, su segundo boleto consecutivo a la Copa Libertadores.

Al año siguiente, también se encontraron en el Interliga, ahora en fase regular, y los felinos volvieron a salir airosos.

El defensor Sindey Balderas y Gaitán marcaron los goles del triunfo 2-0 de los universitarios sobre la Pandilla, en duelo celebrado ante un entradón en el estadio Robertson, de Houston, Texas.

Se jugó la edición 83 del duelo fraternal y esta fue la segunda ocasión que se realizó un derbi en suelo extranjero.

El tercer Clásico gringo llegó en la edición 90, un empate lucido de nueva cuenta en Houston, correspondiente al Interliga 2010, el último que se celebró. Alfredo González Tahuilán puso en ventaja a los Tigres al minuto 54 con un extraordinario gol de media distancia, pero ya en la compensación el también defensor José María Basanta hizo lo propio, y con un bombazo de primera intención a larga distancia igualó los cartones 1-1.

Ese fue el que a la fecha ha sido el último Clásico norteño fuera de Nuevo León.

EL INCREÍBLE REMATE DEL GUILLE

Parecía que Tigres iba a cobrar venganza y borraría la afrenta que sufrió dos años antes, pero Guillermo Franco no lo permitió.

En el Clausura 2003 los Rayados habían eliminado a Tigres en la semifinal de Liga, y ahora, en el Apertura 2005, los regios se volvieron a topar en la misma instancia.

Los felinos acariciaron las mieles de la revancha, hasta que el Guille metió la puntita del pie, en el clásico regio 79, jugado el sábado 10 de diciembre del 2005 en el ya desaparecido estadio Tecnológico.

Corría el minuto 85 y el marcador de 1-1 que prevalecía en el estadio Tecnológico le daba el pase a los universitarios a la Gran Final, luego de que en la ida hubiesen ganado 1-0 en el Universitario.

Tras un gol de penal de Luis Pérez en el 57, Tigres empató con un bombazo de Walter Gaitán al minuto 72, que parecía que le daba rumbo a la cosas.

Hasta que a 5 minutos del final, apareció la magia del argentino naturalizado mexicano.

Ricardo Martínez envió un centro al área que fue desviado en el camino por la zaga de Tigres, y que llegó a la zona en la que se encontraba Franco. Guille, dentro del área chica, se resbaló ligeramente pero pudo mover su pie izquierdo, el de apoyo, para conectar el balón ligeramente con la punta del zapato, que botó a milímetros de él. La pelota se elevó, golpeó el travesaño del arco custodiado por Édgar Hernández, y regresó para rebotar dentro de la portería felina. Todavía su compañero Carlos Casartelli la empujó con la cabeza.

Recuerda Franco: "Ese remate si lo hago mil veces solo una va a entrar, fue el pie de Dios, fue algo de Dios, que hizo que la pelota me pegue justo ahí, en la punta del pie, pegue en el larguero y se meta".

Tigres prácticamente cayó liquidado. Desde ese momento la eliminatoria se había consumado. Esa derrota fue muy dura para los felinos, puesto que en cuartos habían realizado la gran hazaña de que, tras caer 3-1 en casa en la ida, fueron a golear al superlíder América 4-1 para eliminarlos, en el recordado Aztecazo.

Ahora de la mano de Miguel Herrera Monterrey estaba en su segunda final, pero la volvieron a perder en el Tec, ahora ante Toluca.

Sin embargo, ese dramático momento de gloria de Guille quedó inmortalizado en la historia del clásico regio y del fútbol mexicano.

Rayados avanzó gracias al Gol de la Puntita.

CLASICAZO... Y NO CONTÓ

El 26 de febrero del 2000 se jugó la edición 61 de estos enfrentamientos y Tigres venció 6-3 al Monterrey en un sensacional encuentro lleno de emociones.

Fue uno de los Clásicos más espectaculares que se ha vivido en Monterrey pero, para términos prácticos, no contó, y tuvo que volver a jugarse. El duelo que sí valió fue la antítesis del original: un aburrido 0-0.

La anulación de aquel duelazo jugado en el desaparecido estadio Tecnológico fue por un motivo ridículo.

La Federación Mexicana de Fútbol detectó una anomalía en la firma del delantero brasileño Osmar Donizete, jugador de Tigres, y por tal motivo dictaminó que los felinos debían volver a jugar tres partidos en los que había participado la Pantera Negra, entre ellos, el clásico regio.

En esa temporada, los universitarios tenían un equipo plagado de estrellas como Jorge Campos, Iván Hurtado, Ramón Ramírez y Claudio Núñez, entre otros, y estaban teniendo un gran torneo.

En ese Clásico tirado a la basura, los auriazules se fueron al frente y anotaron cuatro goles sin respuesta, el cuarto de ellos fue uno de los mejores en la historia del duelo fraternal de Monterrey. El Diablo Núñez tomó la pelota delante de la media cancha y desde ahí sacó un bombazo que se incrustó en el ángulo superior derecho de Ricardo Martínez.

Tras ese gol vino la reacción rayada y gracias a un *hat trick* de Claudio Da Silva Claudinho, se acercaron 4-3, pero goles de José Antonio Noriega y Javier Saavedra, ya en el cierre de partido le dieron forma al espectacular marcador, del partido correspondiente a la jornada 7 del verano 2000.

El equipo de la U que comandaba Víctor Manuel Vucetich había ganado los 3 partidos que volvieron a jugar y solo rescataron 4 puntos. No calificaron a la Liguilla y terminó la temporada en un gran fiasco.

CAPÍTULO 5
CHIVAS VS. ATLAS

Por Jaime Luna

TUBO GÓMEZ Y EL PEPÍN

La rivalidad de Atlas-Chivas no comienza en 1916, como lo marca la historia que señala ese año como el del primer duelo oficial entre el equipo rojinegro y el Rebaño Sagrado, sino en La Experiencia, donde había cruentas batallas en los inicios de los futbolistas de ambos equipos.

Alfredo Torres se remonta al pasado, justo a los comienzos en los juegos en su amada colonia, donde aún vive con su esposa. "A mí me decían La Changa y el día que fui a firmar con el Atlas estaban el licenciado Sánchez Pilot y el licenciado Cortez Díaz, que era director del periódico *El Occidental*, y me dijeron: 'Te vamos a quitar el apodo de Changa y te vamos a llamar Pistachito'. Y así se me quedó, Pistachito, porque estaba muy chiquito".

"Baldati fue mi primer entrenador y justo llegué cuando el Atlas acababa de ser campeón. Yo llegué en 1951 y jugué con todos los campeones. El señor Baldati es uno de los mejores entrenadores que he tenido", cuenta.

Recuerda que su primer contrato fue de 300 pesos, más tres trajes. "Lo de los trajes era para andar bien guapo. Yo ganaba más de raya en la fábrica, pero era lo que había para iniciar. Ya en el siguiente año gané lo triple y de ahí para el real. Sí estaba cotizado para otros equipos, pero aquí en el Atlas no me interesaba mucho el dinero, preferí el amor a la camiseta. Me encantó la playera, la quise, la quiero. Para mí todo es el Atlas. Mi señora se ponía celosa, porque quería más al Atlas que a ella".

Y ese amor a la camiseta lo plasmaba en el duelo más esperado, el Atlas-Chivas, el partido que nadie quiere perder: "Era de lo más hermoso porque eran nuestros eternos rivales", evoca.

Pese a la adversidad deportiva, el Pistache no se declara antichiva, pero sí sostiene que es el equipo que más gozó vencer y el que lo hacía más sufrir, cuando lo derrotaba.

"En las Chivas jugaban como unos ocho jugadores de La Experiencia. Nos regalaban boletos y cada vez que jugaban íbamos a verlos, desde que nosotros estábamos en infantiles, pero desde el primer día que me puse la camiseta del Atlas se me olvidaron las Chivas. Fui muy amigo de jugadores del Guadalajara. Reforcé varias veces a Chivas en los hexagonales. Afuera, éramos muy amigos, pero adentro, siempre jugábamos a ver a cómo nos tocaba. A Jamaicón Villegas le tocó marcarme muchos años. Se casó con una prima hermana mía, pero dentro de la cancha nos dábamos de patadas. Ya saliendo, éramos amigos", dice.

Alfredo tenía claro que el duelo contra Chivas era único, muy especial: "Me metía en la cabeza que tenía que ser de los mejores del partido y obligaba a mis compañeros a que se la rajaran".

En ese viaje al pasado, el Pistache recuerda la anécdota que más ha marcado la rivalidad entre rojinegros y rojiblancos: el día en que el portero de Chivas, Jaime Tubo Gómez, se burló del Atlas y de su afición, en el desaparecido estadio Felipe Martínez Sandoval, de Guadalajara.

En ese Clásico tapatío, disputado el 24 de abril de 1955, el guardameta, por falta de actividad, se recargó en uno de los postes de su portería y se puso a leer un *Pepín*, revista popular de historietas en esa época. Guadalajara estaba ganando por 5-0 y el Tubo, aburrido por la incapacidad de ataque de su rival, se la pasó hojeando la revista en pleno juego, ante la ira de los aficionados rojinegros.

"El Tubo se burló de nosotros leyendo el *Pepín*, pero al siguiente partido llegó la revancha, en el Occidente. Ahí le estábamos dando un baile a las Chivas y un aficionado del Atlas le dio un periódico al Tubo y le dijo: 'Ahora sí ponte a leer, cabrón'. El Tubo, Sepúlveda y Jamaicón persiguieron por toda la cancha a Toño, el Chapatín, que tuvo la ocurrencia de entregarle el periódico. Ahí no les gustó la broma", ríe Alfredo.

El mítico ex jugador rojinegro es el máximo anotador de su equipo en el Clásico tapatío, con 12 goles, uno abajo de Salvador Chava Reyes, el máximo artillero en la historia de los duelos fraternales, con 13.

"Es el eterno rival y en cada Clásico yo anotaba y me sentía muy feliz. Hubo uno que metí en México, en el Campeón de Campeones. Saqué un tiro cruzado, pero no fue al Tubo, fue al Chilaquil López. Le ganamos a Chivas por 2-0. Fue un golazo".

La adversidad contra Chivas era marcada, con duelos a muerte, incluso con batallas campales.

"Se armaron varias broncas. A cada rato había fracturados de nariz por las patadas que llovían por todos lados y en la tribuna también había pleitos entre el público. Me llevaba con todos, éramos muy amigos Reyes, Jamaicón y la Pina, pero en la cancha nos dábamos con todo. Antes nos la rifábamos con todo, por el amor a la camiseta", añora.

Torres tiene tatuado los colores de su amado equipo del Paradero.

"Para ser del Atlas se necesita un chequeo médico del corazón antes de cada partido, para no infartarte en los últimos diez minutos. Sufre uno mucho, pero así somos los del Atlas", sentencia.

DE CHIVA A LEYENDA ROJINEGRA

En Guadalajara existe una colonia que se convirtió en una de las canteras más grandes del fútbol mexicano: La Experiencia.

Ubicada al norte de la capital de Jalisco, por la calzada Federalismo, antes del Periférico, surgieron de ahí emblemáticos futbolistas tapatíos como La chita Aldrete, Jamaicón Villegas, Chepe Naranjo, La Pina Arellano, Trino Nadal, Magdaleno Mercado, Germán Díaz, Berna García y Dinamita Aldrete, entre otros.

En La Experiencia también se forjó el Pistache Torres, leyenda del Atlas de Guadalajara. Tiene 84 años de edad y 68 trabajando en el equipo rojinegro, hoy como visor de talentos.

El ex futbolista puede presumir dos logros que matizan su envidiable carrera: la cancha principal del Club Atlas Colomos lleva su nombre, y fue el primer jugador en la historia del equipo del Paradero en pisar la cancha del estadio Jalisco en su inauguración, el 31 de enero de 1960.

El Pistache, futbolista, entrenador, director de Fuerzas Básicas, auxiliar técnico y visor de canteranos del club rojinegro por casi siete décadas, comenzó su carrera en el equipo Imperio, que jugaba cerca del antiguo Parque Oro, por Oblatas.

Paradójicamente, el jugador más icónico en la historia del Atlas, se quedó a cinco minutos de firmar con las Chivas Rayadas de Guadalajara, su añejo rival deportivo desde hace 103 años.

"Yo jugaba en el Imperio y hubo un partido contra Guadalajara, en el preliminar por el Campeonato Estatal. Ganamos 8-5 y yo metí cinco goles. Ahí se fijaron en mí visores de ¡Chivas! Era un domingo, y al día siguiente yo trabajaba muy temprano en una fábrica que tenía como dueños a unos directivos de Chivas, que eran los señores Dávalos. Me dijeron que el lunes iba a firmar contrato con ellos", relata.

Veloz, como era en el campo de juego a los 16 años, Alfredo llegó a su casa en bicicleta para fichar con el Rebaño Sagrado, el equipo más popular de México y del que era aficionado.

Había mucha gente en las afueras de su hogar, como si hubiera un festejo callejero por un cumpleaños.

"Salió mi papá y me dice: 'Sabes qué. Ya vinieron por ti. Van a venir *Pulgón* Acosta y *La Chita* Aldrete para que firmes un contrato por la tarde'. Pero, papá, son del Atlas (*Pistache* tenía la ilusión de jugar con Chivas), le dije. Y él me contestó: 'Sí, pero llegó primero el Atlas por cinco minutos'", cuenta con nostalgia por el recuerdo.

La anécdota quedó plasmada en un periódico local, con un encabezado que revelaba: "Pistache, por cinco minutos, no fue de Chivas".

Así comenzó la carrera de Alfredo, el futbolista que fue visto por Chivas un domingo, que firmó con el Atlas un lunes, entrenó el martes con el equipo rojinegro y debutó el jueves con los llamados Amigos del Balón a los 16 años.

Como cuento de hadas, el Pistache marcó dos goles en su histórico debut frente al Atlante, en partido celebrado en el estadio Azulgrana, aledaño a la Plaza de Toros México, el coso taurino más grande del mundo, en la capital del país.

"Me gustaba ir a buscar la pelota, cambiaba de posición constantemente. Me gustaba encarar mucho. Era rápido y tenía buen toque de pelota. Casi todos los delanteros que me tocaban nada más tenían que empujarla a la portería", señala.

Torres jugó en el Atlas de 1951, después de la conquista del único título de Liga del equipo, hasta 1970.

Gracias a su corazón rojinegro, Pistache alternó su estancia como futbolista haciendo labores de técnico interino cuando un entrenador era cesado. Por eso, en 1965, cinco años antes de su retiro como jugador profesional, Alfredo asumió la dirección técnica del Atlas en la Copa México y en su debut enfrentó a las Chivas, en el Clásico tapatío.

El Guadalajara, que en esa época llevaba el apodo de Campeonísimo por sus siete títulos de Liga, llegaba como amplio favorito para enfrentar al novato timón rojinegro.

Torres, forjado del barrio y con visión para detectar talentos desde ese entonces, convocó a jugadores canteranos con hambre de triunfo. El 5-2 que le recetó el Atlas al chiverío estaba para enmarcarse, con un doblete de Magdaleno Mercado y Pepe Delgado, más tarde figuras históricas del cuadro del Paradero.

"Ese día debuté a cuatro jugadores: eran Pepe Delgado, Magdaleno Mercado, Chino Buenrostro y Padilla. Y lo tengo muy presente, porque antes del partido los dirigentes se enojaron conmigo porque íbamos a jugar contra Chivas y los jugadores iban a ser el hazmerreír.

"Yo les dije: ustedes me nombraron y dijeron que podía hacer lo que yo quisiera. Si no quieren, traigan otro entrenador, al cabo falta hora y media para el partido. La sorpresa fue que le metimos 5-2 a Chivas, y Magdaleno metió dos y Pepe uno", remata feliz.

ATLAS Y EL TÍTULO DE 1951, ANTE EL CAMPEONÍSIMO

La historia parece ser muy ingrata con el Atlas.

A través del tiempo ha contado con jugadores de clase, talento y categoría para defender a México en Juegos Panamericanos, Centroamericanos, Olímpicos y Copas del Mundo.

Y pese a la notable capacidad de futbolistas nacionales y extranjeros que se han enfundado la casaca de negro y rojo, su sala de trofeos, instalada en el Club Colomos, está plagada mayormente de cetros obtenidos en la época amateur, de su paso por la Segunda División, de la Copa México y Campeón de Campeones.

Eso sí, la institución tiene el orgullo de mostrarle al planeta futbolístico a cuatro jugadores de exportación europea: Jared Borgetti, Pavel Pardo, Andrés Guardado y su máximo estandarte, Rafael Márquez, cinco veces mundialista y eterno capitán de la selección mexicana.

En contraparte, su rival Guadalajara es el equipo de mayor popularidad en México y Estados Unidos, y, hasta el 2020, el segundo con más triunfos del fútbol mexicano con 12 títulos. Gracias a su prestigio y tradición, el Rebaño Sagrado recibió el mote de Campeonísimo, porque de 1956 a 1965 ganó siete campeonatos de Liga.

Pero el fútbol es caprichoso y en la vitrina donde guarda su colección de galardones, el Club Atlas mantiene uno celosamente custodiado: el trofeo de campeón de Liga obtenido en la temporada 1950/51, su único en la historia, y que ganó con honores precisamente frente a Guadalajara, su odiado adversario deportivo.

En esa campaña no participaron Asturias, España y Moctezuma. El conjunto del Paradero arrancó el torneo como favorito, en un certamen a dos vueltas y con 22 partidos por equipo.

El 22 de abril de 1951 se celebró la culminación de la temporada en el atiborrado Parque Oro, con el Clásico tapatío.

Era la primera vez que Jalisco, en ese momento el máximo semillero futbolístico del país, tendría un monarca en la Liga Mayor, porque de 1943 a 1950 los campeones habían sido otros: Asturias, España, Veracruz (dos veces), Atlante y León (dos veces).

Guadalajara salió por el título con los siguientes futbolistas: Jaime Tubo Gómez en la portería; Rodrigo Ruiz, Tepa Gómez y Rafles Orozco en la defensa; Zurdo Rivera y Bocanegra en la media; Enciso, Balcázar -abuelo de Javier Chicharito Hernández-, Noriega, De la Torre y a Chucho, en la delantera.

La escuadra rojinegra saltó por la hazaña con Raúl Córdova, Felipe Zetter, Luis Ornelas, José *Chivo* Mercado, Guillermo del

Valle, Javier Novello, Juan José Novo, Edwin Cubero, Adalberto Dumbo López, Felipe Velázquez y José Gómez.

Aunque Atlas fue mejor, el primer tiempo terminó 0-0. A los 10 minutos del segundo lapso, el árbitro Cuate Salceda decretó una supuesta falta dentro del área chiva, de Orozco.

Los jugadores del Rebaño Sagrado protestaron airadamente la decisión del silbante, mientras sus seguidores arrojaron cojines al campo de juego en señal de protesta.

El atacante costarricense Cubero, un habitual centro delantero, pero colocado como extremo izquierdo, a petición de su entrenador argentino, cobró impecable para vencer al guardameta Gómez y marcar el 1-0.

El gol desató la alegría de la afición atlista, pero provocó el malestar y enojo de los hinchas rojiblancos, que seguían protestando el penal que, a su juicio, fue inexistente.

El Rebaño Sagrado intentó el gol del empate, pero no le alcanzó el esfuerzo. Lamentablemente en la tribuna falleció por la emoción del juego, el directivo, socio y ex jugador chiva don Ángel Bolumar Montadas, a consecuencia de un paro cardiaco.

Atlas levantó con orgullo el trofeo de campeón en medio de la tragedia, en un torneo de ensueño, con 12 triunfos, cuatro empates y seis derrotas. Cosechó 30 puntos, producto de 44 goles a favor y 23 en contra.

Cubero, el héroe de la final, y Dumbo López, fueron sus máximos artilleros a lo largo de la campaña, con 14 dianas cada uno.

Hoy en día existe una placa conmemorativa en la sala de trofeos del club con la siguiente leyenda: "Equipo Atlas campeón de la Liga Profesional de Fútbol 1950/51. Homenaje a aquellos rojinegros que lograron la cima del triunfo como testimonio para las nuevas generaciones. Honor a quien honor merece".

La placa termina con el nombre de jugadores que son leyenda: Raúl Córdova, Felipe Zetter, Juan Chepes Gómez, Luis Ornelas, Guillermo del Valle, Javier Novello, Felipe Velázquez,

Juan José Novo, Dumbo López, Mercado, Edwin Cubero, Antonio Niño Flores, Jesús Chita Aldrete, Lorenzo Chale Carrillo, Fidencio Casillas, Edmundo Manzotti y Eduardo Valdatti.

UN 18-0 PARA LA HISTORIA

Después de su primer choque de la historia, Zorros y Chivas se vieron las caras cuatro meses después, en enero de 1917, y el resultado pasó a la historia por el marcador insólito.

Guadalajara y Atlas disputaron la llamada Copa Manuel M. Diéguez, en honor al militar jalisciense que ocupó la gobernatura del estado de Jalisco en forma intermitente entre 1914 y 1917.

Chivas, que llegaba al juego como subcampeón de la Liga Amateur de 1916, fue apabullado 18-0 por el equipo rojinegro. Sí, la escuadra del Paradero le propinó la derrota más holgada de la historia a su acérrimo rival.

Atlas logró el triunfo más aplastante del derbi tapatío con la siguiente plantilla: Alfonso Cortina (portero), Luis Aguilar (defensa derecho), Juan José Lico Cortina, (defensa izquierdo), Francisco Quintero (medio derecho), Federico Ochoa Reyes (centro medio) y Rafael Orendáin (medio izquierdo).

Ernesto Chayote Navarro (ala derecha), Tomás Orendáin (ala izquierda), Federico Collignon (interior derecho), Carlos Fernández del Valle (interior izquierdo) y Pedro Hernández del Valle (centro delantero).

El árbitro del encuentro fue Ignacio Calderón, auxiliado por los abanderados Gabriel Romo y Guillermo Castellanos.

En 103 años de pasión y orgullo, Chivas se ha consolidado como el segundo equipo más ganador de México, contra un equipo con más de medio siglo sin conocer la gloria del campeonato... pero no todos los días se meten 18 goles y menos al glorioso Rebaño Sagrado.

ESTRENO CON BATALLA CAMPAL

Guadalajara puede presumir que es cuna del mariachi y del tequila. La capital de Jalisco también se jacta de vivir la rivalidad regional deportiva más añeja de México, con el Clásico tapatío entre las Chivas y Atlas.

El equipo del Guadalajara tiene una gloriosa historia con 12 títulos de Liga y se ha convertido en el más popular del país, con un plantel plagado exclusivamente por jugadores mexicanos. Fue fundado el 8 de mayo de 1906 por el comerciante belga Edgar Everaert.

Atlas, su antagonista, quedó establecido el 15 de agosto de 1916 por Lico Cortina y llamado a través de los tiempos como el equipo del Paradero, Margaritas, Zorros, los Rojinegros, así como los Académicos o los Amigos del Balón, por su tradicional buen manejo de la pelota.

El derbi tapatío tuvo su primer encuentro, que fue de carácter amistoso, el 15 de septiembre de 1916, un duelo que terminó con un 0-0 y que fue suspendido por falta de garantías.

En ese partido, celebrado en la sede rojinegra, en un terreno ubicado por la avenida Vallarta, a un costado del antiguo Country Club, lo que parecía ser un encuentro cordial terminó en batalla campal, no solo entre los jugadores sino también por la intervención de sus familias.

En ese pleito masivo participaron los atlistas Alfonso Cortina; Luis García Aguilar, Lico, Federico Ochoa Reyes, Rafael Antonio Orendáin, Francisco Quintero, Ernesto Navarro, Federico Collignon, Pedro Fernández, Del Valle y Tomás Orendáin.

Por el Guadalajara dieron trompadas Juan Rodríguez; Agustín Gallardo, Ángel Bolumar, Gregorio Orozco, José Espinosa, J. Macías, Julio Bidart, Salvador Palafox, Jesús Orozco, Everardo Espinosa y Rafael Higinio Orozco.

Orozco, de las Chivas, y Lico, de los Zorros, se habían saludado con afecto previo al desafío y al final tuvieron que intercambiar golpes para defender sus colores.

El conflicto comenzó con un pelotazo de Orozco al rostro de Orendáin, quien sufrió daños en los ojos al romperse los lentes con los que jugaba.

El árbitro Ignacio Calderón suspendió el partido, un duelo que acabó en bochorno. Ese fue el comienzo de un accidentado Clásico tapatío.

Y es tanta la animadversión entre los aficionados de Chivas y Atlas, que, en un principio, los apodos de los equipos comenzaron precisamente desacreditando al rival.

A finales de los años cuarenta y en forma despectiva, los seguidores del Guadalajara llamaron Margaritas al conjunto del Atlas al considerar que su juego era muy delicado.

Los fanáticos de los Rojinegros se mofaron del Rebaño Sagrado al identificarlo peyorativamente como chivas brinconas.

UNA TRÁGICA DERROTA

Fue el día en que Atlas se coronó por primera y única vez en su historia. El 22 de abril de 1951 jugando contra Chivas, en el Parque Oro los Académicos se llevaron el Clásico tapatío más importante de la historia.

Los del Paradero marcaron el tanto de penal. Mientras su afición festejaba el 1-0, que sería definitivo, al directivo Ángel Bolumar Montadas le sobrevino un paro cardiaco. Dejó este mundo en medio de la emoción del fútbol y no alcanzó a ver cómo el Atlas levantaba el trofeo.

Bolumar Montadas era un catalán que a los 14 años emigró a México y llegó a Veracruz en 1909 para, posteriormente, establecerse en Guadalajara. Fue jugador de Chivas a partir de 1915 y se desempeñó como defensa central, incluso fue capitán del equipo.

Ángel sentía profundamente los colores del Guadalajara y profesaba un natural odio deportivo hacia el equipo rojinegro. Se recuerda la vez que, en un Clásico tapatío, se sintió tan indignado al marcarse un penal en contra, que tomó el balón y lo abrazó sentado sobre la línea de meta, retrasando el cobro atlista, hasta que sus compañeros lo convencieron de soltar la pelota y permitir que se cobrara el castigo.

Era duro el español. En 1923 sufrió una doble fractura en la pierna derecha por una entrada fuerte de Pedro García, del equipo Marte. La lesión lo obligó a retirarse como profesional, pero siguió en el fútbol, ya que se hizo directivo de su bienamado Guadalajara hasta 1945.

Aquel mal día de la final ante Atlas, Bolumar estaba sentado en las gradas como invitado especial, acompañado por su esposa Mercedes Riestra. La marcación del penal en contra del chiverío le afectó tanto que se desvaneció en su butaca. El ex directivo del Rebaño Sagrado fue sacado en camilla del estadio rumbo a la Cruz Roja, en Almeda y Juan Manuel, pero fue declarado muerto al llegar.

Atlas levantó con orgullo el trofeo de monarca, y en medio de los festejos por su campeonato publicó una esquela en la que se unía a la pena de la familia Bolumar y reconocía a don Ángel como un "antiguo pionero del fútbol jalisciense". Con ello, los Académicos demostraron que si bien existe una marcada rivalidad con Chivas, también existe el honor y el respeto.

DEL MURO: CHIVA ATLISTA PARA EL MUNDO

El Sindicato Único de Trabajadores de Guadalajara (SUTAG) era una filial de las Chivas Rayadas. De ahí surgieron futbolistas inmortales del Rebaño Sagrado como Crescencio Mellone Gutiérrez, Guillermo Tigre Sepúlveda, Eduardo Enríquez y Salvador Chava Reyes, el segundo máximo goleador en la historia del club.

En esa sucursal jugaba el juvenil Jesús del Muro, un chico tapatío que estaba listo para seguir los pasos de sus demás compañeros. Pero la oportunidad no llegó.

Felipe Zetter, ex jugador del Atlas y mundialista con México en la Copa del Mundo en 1950, llegó a las canchas del semillero del chiverío y fijó su mirada en las condiciones de Jesús, un jugador fino y con clase como defensa central.

Del Muro combinaba su día trabajando por las mañanas con su papá en una imprenta y, pasado el mediodía, en los entrenamientos. Por la tarde-noche estudiaba comercio y administración.

Zetter no quería pasar de largo a su joya y envió como emisario a Cafarati para convencerlo de irse a jugar al Atlas, el rival de su amado Guadalajara.

"No, yo soy chiva", contestó sin titubear Jesús, rechazando en dos ocasiones al mensajero del Rebaño.

Para fortalecer el interés, el presidente atlista Moisés Estrada llegó directamente a la imprenta, y le ofreció al joven futbolista doblarle el sueldo. Está dispuesto a pagarle 10 pesos mensuales, además de sufragarle los estudios y ponerlo jugar, de inmediato, en Segunda División con el equipo rojinegro, con la promesa de ascenderlo a la brevedad posible.

Del Muro firmó contrato a los 16 años como jugador de La Academia en el Hotel Morales, y a los 17 debutó profesionalmente. Estrada cumplió con el trato económico y con hacer campeón al Atlas en la división de ascenso, en la temporada 1954/55.

Ya en Primera División, en un duelo contra el Guadalajara, Jesús posó al lado de Chava, Mellone y el Tigre, sus antiguos compañeros en el SUTAG, filial de las Chivas.

"Empecé a querer ganar todos los Clásicos tapatíos, a ser sobresaliente y en 1957 estaba de titular de Atlas", recuerda el jugador.

En ese entonces, Arpad Fékete era director técnico del Guadalajara y lo invitó para un Pentagonal a celebrarse en la Ciudad de México, en 1958. Estaban en el cartel River Plate, campeón de Argentina; Botafogo, campeón de Brasil; Zacatepec, campeón de México; Toluca, segundo lugar, y las Chivas, el equipo más popular.

Acostumbrado a jugar como central nominal, Fékete lo puso como lateral derecho. El Rebaño Sagrado superó por 1-0 al Botafogo en su debut, después al Zacatepec, y al Toluca con 6-0.

La final de la competencia fue en Ciudad Universitaria, frente al River Plate, al que se le ganó por 1-0. El equipo rojinegro se alzó como campeón.

"Somos campeones del Pentagonal y a los dos días sale la lista para ir al Mundial de Suecia 1958, y aparezco de lateral derecho. Mi mundo me cambió en menos de un mes. Me acuerdo que estaba en el primer partido contra Suecia, y no me la creía. Todo llegó rapidísimo que no me dio tiempo ni de pensar. Con el tiempo se da uno cuenta que son cosas que la vida te tiene preparada. Nacho Trelles me llevó a tres mundiales: 1958, 1962 y 1966", platica.

Del Muro jugó 11 años en el Atlas, en Segunda y Primera División, reforzó y fue campeón con Chivas en el Pentagonal de 1958, jugó tres mundiales con México (dos como lateral y otro como central), fue campeón con Cruz Azul, y solo se quedó con una cuenta pendiente: titularse en la escuela.

SOBRE LOS AUTORES

LUCIANO CAMPOS GARZA (1969)

Es autor de los libros *Rubén Inquisidor*; *El paria mexicano*; *El manantial en casa*; *El anhelo de la sombra*; *El cóncord negro*; *El Bronco*; *La hinchada más pasional: la adicción*.

Dos veces ganador del premio nacional de cuento *Ubaldo Ramos*, de Tamaulipas, 98 y 99. Primer lugar del concurso de guión de largo de Conarte 2009, con *Operación Chiyama*. Ganador de taller de guión de largo IMCINE 2007, con *El cóncord negro*. Guionista del programa de terror *Leyendas de Nuevo León*, de TVNL.

Técnico en cinematografía y profesor de guión por The Film Workshops Monterrey. Becario del Centro de Escritores de Nuevo León 2011. Columnista de fútbol para *Hora Cero*. Mención honorífica en el segundo premio nacional de cuentos deportivos *Pedro "Mago" Septién* 2011. Conferenciante en el VII Encuentro Internacional de Escritores 2014 en Tarija, Bolivia, donde fue nombrado Embajador Universal de la Cultura, por Unesco. Tallerista de guión del INBAL.

Actualmente es corresponsal, en Nuevo León, de la revista *Proceso*. Escribe crítica cinematográfica para el portal de *Proceso* (proceso.com.mx) y para la revista *Hora Cero*.

ÓSCAR SÁNCHEZ LOZANO (1976)

Licenciado en Ciencias de la Comunicación de la UANL.

Es autor del libro *Tigres de la UANL, décadas de garra y pasión*; reportero deportivo del periódico *El Norte*; comentarista en TV y reportero de fútbol, en *Multimedios*; narrador para los partidos Tigres Femenil para *streaming club*; catedrático de la Facultad de Ciencias de la Comunicación de la UANL; comentarista de la estación de radio RG La Deportiva; comentarista en transmisiones de TV de Auténticos Tigres, de fútbol americano y editor de la revista *Esto es Tigres*.

En la actualidad es corresponsal en Monterrey de *Claro Sports*; jefe de contenido digital y narrador del equipo de fútbol rápido Flash de Monterrey; director y conductor del programa *Fútbol al Carbón* y director editorial y copropietario de superlider.mx .

JOSÉ JAIME LUNA PEÑA (1970)

Reportero de la *Sección Deportiva* desde 1993, con cobertura especializada en Tigres y Rayados. Es editor en jefe de deportes de *La Afición* (Milenio Monterrey). Ha sido profesor de la Universidad Metropolitana de Monterrey en Técnicas de la Entrevista, Géneros Periodísticos y Laboratorio de Periodismo.

Autor de los libros *Club de Fútbol Monterrey, 60 años de historia* (2005); *Rayados, campeón de campeones* (2011); *Jesús Arellano, el gran capitán* (2011); *Club Deportivo Toluca, La grandeza se escribe con 10 estrellas* (2012); *Biografías de 11 mejores jugadores del Club de Fútbol Monterrey* y *Club Atlas de Guadalajara, pasión rojinegra, casi 100 años de historia*.

Editor de los libros oficiales *Pumas de la UNAM, Campeonatos en azul y oro*; *Sultanes de Monterrey, 85 años de hazañas*; *Sultanes de Monterrey, 80 aniversario*; y de revistas oficiales del Club Tigres, Club de Fútbol Monterrey y Club Santos Laguna

Fue colaborador en el libro del Club de Fútbol Monterrey *Llegando a casa*.

Actualmente es editor del periódico *La Afición Monterrey*, y Jefe de Información de *Multimedios Deportes*.

CÉSAR VARGAS LÓPEZ (1970)

A lo largo de 20 años trabajó para el periódico *El Norte*.

Fue reportero de la *Sección Deportiva-Cancha*, entre 1992 y 2008.

Durante ese tiempo realizó diversas coberturas, principalmente tuvo la fuente de Rayados entre 1998 y 2008.

Cubrió la Copa Confederaciones 1999, en Guadalajara; la Copa Oro en 2000, y el Mundial de Corea-Japón 2002.

Antes de ello, cubrió actividad del basquetbol con la presencia de los mexicanos en la NBA y la final entre Toros de Chicago y los Sonics de Seattle, en 1996.

Cubrió partidos de Copa Libertadores, de Selección Mexicana y pretemporadas de Tigres y Rayados.

Ha escrito dos libros: *clásico regio, 40 años de pasión* (2014), y *Cien años del voleibol en México* (2018).

Ha sido Jefe de Información del *Diario Récord* (2008-2010), escribió una columna en el periódico *Publimetro*, fue comentarista de ESPN Radio (2013-2019), y reportero e integrante de la *Mesa Asignaciones* de Televisa Monterrey, en el área de nota local y de deportes (2012-2017).

En 2015 recibió el Premio *Fray Nano*, que otorga la Federación Nacional de Cronistas Deportivos.

ÓSCAR ADRIÁN VELÁZQUEZ GÓMEZ (1979)

Periodista deportivo desde el 2002, ha realizado coberturas de Tigres y Rayados para prensa escrita en *Milenio Diario* y el periódico *ABC* de Monterrey. Locutor en espacios de RG 'La Deportiva' y comentarista en transmisiones de Primera División, además de presentador televisivo en *Grupo Multi-*

medios. Corresponsal y posteriormente coordinador editorial para Mediotiempo.com. Jefe de Información Deportiva y Coordinador de Redacción en *ABC Noticias*; voz deportiva de los noticieros institucionales de Grupo Radio Alegría.

Colaborador del libro *Rayados, 60 años de historia* y editor del 2015 al 2019 del Programa Oficial del Estadio del Club de Fútbol Monterrey. Parte del programa el *Presi y el Vuce* con Víctor Manuel Vucetich, ahora *La mesa del Presi*, con Luis Miguel Salvador en Nova FM.